Nuove letture 1ª A

Marianna
Codegoni

www.mondadorieducation.it

Prima edizione: febbraio 2009

Edizioni
13 12 11 10 9 8 7 6 5
2015 2014 2013 2012 2011

Il Sistema Qualità di Mondadori Education S.p.A. è certificato da Bureau Veritas Italia S.p.A. secondo la Norma UNI EN ISO 9001:2008 per le attività di: progettazione, realizzazione di testi scolastici e universitari, strumenti didattici multimediali e dizionari.

Questo volume è stampato da:
New Press s.n.c. - Como
Stampato in Italia - Printed in Italy

Titolo originale: *La grammaire est une chanson douce*
Traduzione e adattamento: Francesco Bruno

Prima edizione Narrativa per la scuola: febbraio 2004
Pubblicata da Carlo Signorelli Editore, Milano

Redazione	Alberto Pozzi, Compos 90
Impaginazione	Compos 90
Progetto grafico	Sandro Ventura, Alfredo La Posta
Copertina	Silvano Colombo
In copertina	© Shutterstock®

Per informazioni e segnalazioni:
Servizio Clienti Mondadori Education
e-mail *servizioclienti.edu@mondadorieducation.it*
numero verde **800 123 931**

Erik Orsenna

La grammatica è una canzone dolce

A cura di Antonietta Italia

EINAUDI SCUOLA

Introduzione

In una qualunque aula di una scuola qualunque una giovane insegnante spiega ai suoi scolari le favole di La Fontaine. Lo fa con una passione, con un trasporto e con un amore per le parole capaci di trascinare tutta la classe in un mondo fantastico e avventuroso. Perché è proprio questo che le parole sanno fare: trasportarci in altri mondi, in altre dimensioni e far volare la nostra immaginazione.

Ma... i programmi sono i programmi e farli rispettare secondo le regole è il compito della signora Gergoni, ispettrice inviata dal ministero a effettuare i controlli periodici. Così, proprio l'ultimo giorno di scuola niente più fantasia, né magia...!

Giovanna inizia la traversata dell'Atlantico, che dovrebbe portarla in America a trascorrere le vacanze estive dal padre, con un profondo senso di vuoto e di delusione. Ma in mare si scatena una terribile tempesta con folate di vento violentissime che inspiegabilmente spazzeranno dalla mente di Giovanna tutte le parole che vi si erano accumulate rendendola incapace di parlare. Neppure la nave resiste alle intemperie e alle ondate e affonda lasciando due soli superstiti: Giovanna e il fratello Tommaso, vittima dello stesso mutismo della sorella.

Per i due inizia un percorso che li porterà alla riscoperta del linguaggio, un viaggio nel quale, guarda caso, a farla da padrone saranno proprio la fantasia e l'immaginazione.

Erik Orsenna

È nato a Parigi nel 1947 e ha studiato Filosofia, Scienze politiche ed Economia. Dopo gli studi si è dedicato all'insegnamento, alla ricerca e infine alla scrittura con cui si è meritato il premio Goncourt nel 1988. Ha scritto romanzi di grande successo tra cui *L'exposition coloniale*, *Grand amour*, *Longtemps* e ha avuto incarichi di grande prestigio come la direzione dell'École Nationale Supérieure du Paysage e la presidenza del Centre International de la Mer; è stato anche consigliere per la cultura del defunto Presidente della Repubblica francese François Mitterrand.

La grammatica è una canzone dolce

a Jeanne e Jean Cayrol

Grazie a Danielle Leeman,
professoressa di grammatica
all'Università di Parigi-X-Nanterre.
Il suo sapere amichevole e malizioso
mi ha tenuto compagnia
per tutto questo viaggio.

Capitolo primo

Diffidate di me!

Sembro dolce, timida, sognatrice e piccina per i miei dieci anni. Non approfittatene per attaccarmi. So difendermi. I miei genitori (siano ringraziati nei secoli dei secoli!) mi hanno fatto dono del più utile – perché il più battagliero – dei nomi: Giovanna. Come Giovanna d'Arco, la pastorella diventata generale, il terrore degli Inglesi. O quell'altra, la Papessa Giovanna, che sotto vesti maschili occupò il trono pontificio per più di due anni con il nome di Giovanni VIII[1].

Per citare soltanto le Giovanne più famose.

Mio fratello maggiore Tommaso (quattordici anni) fa

1. **Come Giovanna d'Arco... con il nome di Giovanni VIII:** Giovanna d'Arco (1412-1431) fu una giovane contadina francese che, credendosi chiamata da Dio alla liberazione della Francia occupata dagli Inglesi, ottenne il comando di un'armata e liberò la città di Orléans consentendo l'incoronazione del re Carlo VII. Catturata dagli alleati degli Inglesi fu arsa viva sotto l'accusa di stregoneria ed eresia. La Papessa Giovanna riuscì, travestita da uomo, a farsi eleggere papa nell'855 regnando due anni finché fu scoperta.

bene a non scordarlo. Pur appartenendo a una razza globalmente maligna (i maschi), ha dovuto imparare a rispettarmi.

Detto questo, sono in sostanza quel che sembro in apparenza: dolce, timida e sognatrice. Anche quando la vita si fa crudele. Potrete giudicarlo da voi.

Quella mattina di marzo, vigilia delle vacanze pasquali, un agnello si dissetava pacifico nell'onda pura di un ruscello. La settimana prima, avevo imparato che tutte le volpi adulatrici[2] vivono a spese del corvo che le ascolta. E, la settimana prima ancora, una tartaruga aveva battuto una lepre nella corsa...

Avete indovinato: ogni martedì e ogni giovedì, tra le nove e le undici, animali di ogni sorta invadevano la nostra aula, invitati dalla nostra insegnante. La giovanissima signorina Lorenzini amava con passione La Fontaine[3]. Ci portava a spasso di fiaba in fiaba come nel più chiaro e misterioso dei giardini. FAVOLE E FIABE SONO DIVERSE

– Sentite questa, bambini:

Una rana vide un bove
ben più grosso della norma.
Lei, non grande più d'un ovo,
s'enfia, invidiosa, si sforma...

O quest'altra:

Via da qui, tristo[4] insetto, escremento della terra!

2. **adulatrici:** coloro che esagerano in falsi complimenti per avere un tornaconto.
3. **La Fontaine:** Jean de La Fontaine (1621-1695), poeta francese che, rinnovando la tradizione di Esopo, scrisse le *Favole*, i cui protagonisti sono animali con pregi e difetti tipicamente umani.
4. **tristo:** cattivo, maligno.

Con queste parote il re felino[5]
si rivolgeva un giorno al moscerino.
E d'un subito lui gli mosse guerra.

La Lorenzini, recitando, arrossiva, impallidiva: una vera e propria innamorata.

– Vi rendete conto? In quattro righe, delineare così bene la storia... La vedete, la rana invidiosa, no? E il tristo moscerino, non lo sentite ronzare?

– Scusi, signorina, cosa vuol dire "escremento"?

– Ma vuol dire "merda", mia piccola Giovanna!

Infatti la Lorenzini, per bionda e giovane che fosse, non aveva paura delle parole, e sarebbe morta piuttosto che non dire pane al pane e vino al vino[6].

– Ringraziate il cielo, bambini, di esser nati in una delle più belle lingue della Terra. La vostra lingua è la vostra patria. Imparatela, inventatela. Sarà per tutta la vita la vostra amica più cara.

Il personaggio che, quella mattina di marzo, entrò nella nostra aula a fianco del signor Benevento, il direttore, era soltanto pelle e ossa. Uomo o donna? Impossibile stabilirlo: la sua magrezza aveva la meglio su ogni altro carattere.

– Buongiorno – disse il direttore. – La signora Gergoni si trova oggi tra le nostre quattro mura per effettuare la verifica pedagogica regolamentare[7].

– Non perdiamo tempo!

Con un primo gesto, l'ispettrice fece cenno di uscire

5. **il re felino:** il leone.
6. **dire pane... vino:** parlare in modo chiaro, senza giri di parole.
7. **verifica pedagogica regolamentare:** controllo della qualità dell'insegnamento di un docente.

al signor Benevento (lui, di solito tanto severo, non l'avevo mai visto così: tutto miele e riverenze). Con un secondo, fece segno alla nostra cara Lorenzini.

– Riprenda. Dal punto in cui eravate. E mi raccomando: fate come se non ci fossi!

Povera signorina! Come parlare normalmente davanti a un simile scheletro? La Lorenzini si torse le mani, inspirò forte e, gagliarda, si lanciò:

– Nell'onda pura d'un ruscello
si dissetava pacifico un agnello:
giunge un lupo affamato,
portato lì dalla ventura, il fato.

Un agnello... L'agnello è associato, lo sapete, alla dolcezza, all'innocenza. Non diciamo forse *dolce come un agnello, innocente come l'agnello appena nato*? Subito ci viene da pensare a un paesaggio calmo, tranquillo... E l'imperfetto conferma questa stabilità.

Rammentate? Ve l'ho spiegato in grammatica: l'imperfetto è il tempo della durata che si protrae, l'imperfetto è un tempo che se la prende comoda... Voi e io avremmo scritto: Un agnello beveva. La Fontaine ha preferito Un agnello si dissetava... Cinque sillabe: sempre l'effetto della lunghezza, si ha tutto il tempo che si vuole, la natura è pacifica... Ecco un bell'esempio della "magia delle parole". Sì. Le parole sono veri e propri maghi. Hanno il potere di farci comparire davanti delle cose che non vediamo. Siamo in aula e, grazie a questa portentosa magia, ci ritroviamo in campagna, intenti a contemplare un agnellino bianco che...

La Gergoni dava segni di nervosismo. Le sue unghie smaltate di viola tamburellavano sempre più forte sul piano della cattedra.

– La prego, signorina, non sappiamo che farcene dei suoi entusiasmi!

La Lorenzini lanciò una rapida occhiata fuori della finestra, come in cerca d'aiuto, e riprese:

– La Fontaine usa i verbi come nessun altro. Un lupo "giunge": è un presente. Ci si sarebbe aspettato un passato remoto: un lupo "giunse". Cosa ci porta quel presente? Una sensazione di minaccia. È adesso, è subito. La calma della prima frase è rotta di botto. Ora c'è un pericolo. Lui giunge. Si ha paura.

– Capisco, capisco... Imprecisione, approssimazione... Parafrasi[8], quando invece le si chiede di far recepire agli alunni la costruzione narrativa: cos'è che assicura la continuità testuale? A che tipo di progressione tematica ci troviamo di fronte? Quali sono le componenti dell'enunciato[9]? Siamo di fronte a un racconto o a un discorso? Ecco cos'è fondamentale insegnare!

Lo scheletro Gergoni si alzò.

– ...Non occorre sentire altro. Lei, signorina, non sa insegnare. Non rispetta alcuna consegna del ministero. Nessun rigore, nessuna scientificità, nessuna distinzione tra il narrativo, il descrittivo e l'argomentativo.

Inutile dire che, per noi, quella Gergoni parlava arabo. Questa sembrava, del resto, anche l'opinione della Lorenzini.

– Ma, signora, non le pare che simili nozioni siano un po' troppo complesse? I miei allievi non hanno dodici anni, sono soltanto in quarta!

8. **Parafrasi:** spiegazione di un testo il cui contenuto viene espresso con parole proprie.
9. **enunciato:** frase, insieme di parole dotate di senso compiuto.

– E con questo? I bambini non hanno diritto a una scienza esatta?

La campanella interruppe la loro disputa[10].

La donna-scheletro si era seduta alla cattedra e compilava un foglio che poi tese alla nostra amata signorina in lacrime.

– Mia cara, lei ha bisogno, e al più presto, di un buon aggiornamento. Casca bene: un corso comincia proprio dopodomani. Su questo formulario[11] troverà l'indirizzo dell'istituto che si occuperà di lei. Su, non piagnucoli, una settimana di cure pedagogiche e saprà come regolarsi, d'ora in poi.

Bofonchiò[12] un "arrivederci".

Noi non le rispondemmo.

Accompagnata da Benevento, che l'aspettava in corridoio, sempre tutto miele e riverenze, la signora Gergoni se ne andò a torturare altrove.

Di norma, dato che erano appena cominciate le vacanze, avremmo dovuto gridare, urlare, ballare. In particolare io, che stavo per attraversare in nave l'Atlantico. Ma niente: silenzio. Ci guardavamo a bocca aperta, come pesci rossi nella boccia di vetro. Lo sconforto della nostra amata signorina Lorenzini ci sconvolgeva. Quali potevano mai essere le "cure pedagogiche" che le avrebbe inflitto il terribile istituto? Non sapevo, fino a quel giorno, che anche i maestri avessero dei maestri. E che quei maestri dei maestri fossero tanto severi.

Quella notte sognai che qualcuno si accingeva ad aprirmi la testa con delle pinze per farcirmela con le pa-

10. **disputa:** discussione.
11. **formulario:** modulo.
12. **Bofonchiò:** borbottò, brontolò.

role che teneva accanto a sé, parole rinsecchite come scheletri. Per fortuna, un leone, un moscerino e una tartaruga[13] accorrevano in mia difesa, mettendo in fuga il cattivo con le sue pinze.

Fu nel pomeriggio dell'indomani che, con mio fratello, presi il mare.

Pedagologia = cure per insegnare

13. **un leone, un moscerino e una tartaruga:** sono personaggi di alcune favole di La Fontaine.

Capitolo secondo

La tempesta è cominciata come tutte le tempeste. Di colpo l'orizzonte si muove, i tavoli oscillano e i bicchieri, cozzando tra di loro, tintinnano.

Il comandante, per festeggiare l'imminente arrivo in America, aveva organizzato, nel salone della nave, un "campionato internazionale di Scarabeo". Lo saprete: lo Scarabeo è un gioco strano, un po' irritante. Bisogna formare parole rare con lettere di plastica. E più le parole sono rare e richiedono l'uso di lettere impossibili (le Z, le W), più punti si fanno.

I campioni, le campionesse di parole rare si sono guardati. Sempre più pallidi. Uno dopo l'altro, si sono alzati, hanno portato la mano alla bocca e hanno lasciato il salone a passo di corsa. Ricordo una donnina pulitina che non è stata molto tempestiva: una materia verdastra le colava tra le dita. La vergogna le divorava gli occhi.

Sui tavoli restavano le lettere bianche e i dizionari spalancati.

Tommaso mi guardava, incantato. Un rimasuglio di buona creanza[1] gli impediva di scoppiare a ridere.

Bisogna dire, cara lettrice, caro lettore, che non c'è niente che mio fratello e io amiamo più del mare scatenato: mettendo sottosopra gli stomaci dei passeggeri, svuota la sala da pranzo dove, ammirati dall'equipaggio stupefatto per il nostro appetito, possiamo tranquillamente fare bisboccia[2], lui e io, d'amore e d'accordo.

Il comandante si è avvicinato:

– Giovanna e Tommaso, mi sbalordite. Sembrate vecchi lupi di mare. Da chi avete preso questo piede marino[3]?

Mi sono venute le lacrime agli occhi (tra le mie numerose qualità, so piangere a comando).

– Ahimè, signore! Se conoscesse la nostra triste storia...

Ancora una volta ho raccontato della separazione dei nostri genitori. Della loro incapacità di vivere insieme, della loro saggia decisione di vivere ciascuno da un lato dell'Atlantico anziché insultarsi dal mattino alla sera.

– Capisco, capisco – ha balbettato il comandante, compassionevole. – Ma... Non prendete mai l'aereo?

– Per fracassarci al decollo, come nostra nonna? Mai e poi mai.

Tommaso, i denti piantati nel polso, riusciva a stento a rimanere serio.

Grazie, papà; grazie, mamma, di amarvi così male! In una famiglia comune, non avremmo mai viaggiato tanto.

1. **creanza:** educazione, garbo.
2. **bisboccia:** baldoria, festa.
3. **piede marino:** modo di dire per intendere la naturalezza nello stare in mare, su una barca o su una nave.

Capitolo terzo

Stavolta, la nostra amata tempesta non scherzava. Anziché agitare l'oceano, come al solito, così come una mamma muove l'acqua della vasca per far divertire il figlioletto, era una vera e propria furia che cresceva di ora in ora. Sballottava la nostra povera nave con sempre maggiore cattiveria, scagliandole addosso montagne liquide, facendola precipitare in abissi profondi. Lo scafo del piroscafo[1] scricchiolava e tremava, come se, nonostante il suo coraggio, s'impossessassero pian piano di lui la paura, il timor panico[2]. Mai nella vita ero stata così squassata[3]. Cadevo, mi alzavo, ricadevo, scivolavo sul parquet[4] di colpo inclinato come un toboga[5], sbattevo

1. **piroscafo:** nave dotata di macchina a vapore.
2. **timor panico:** paura improvvisa che annulla la ragione e rende impossibile ogni reazione logica.
3. **squassata:** sbattuta violentemente.
4. **parquet:** pavimento di legno.
5. **toboga:** carrello che slitta su apposite guide fortemente inclinate, usato nei parchi di divertimento, nelle piscine.

dappertutto. L'angolo di un tavolo mi aveva fatto un taglio nella guancia. Sentivo che gli scossoni mi sballottavano l'interno del corpo. Da un momento all'altro il mio cuore si sarebbe staccato, come pure il mio stomaco; sotto le ossa del cranio, le parti del mio cervello si mescolavano...

Niente è più contagioso della paura. Da un pezzo il gioviale cameriere non sorrideva più, e nemmeno il mio futuro fidanzato, l'allievo ufficiale biondo, e ancor meno il cuoco negro che di solito si rallegrava tanto della nostra fame da lupo. Sussultavano alla minima sbandata della nave, chiudevano gli occhi, come se le botte del mare al piroscafo le ricevessero loro personalmente, si aggrappavano l'uno all'altro, facevano smorfie o forse pregavano, vedevo le loro labbra tremare.

Una strana debolezza s'impossessava di me: ero addirittura disposta a perdonare Tommaso per tutto il male che mi aveva fatto. Quando arriva l'ultima ora, si perde ogni orgoglio.

Ma, morire per morire, volevo che fosse all'aria aperta.

Presi mio fratello per mano e, approfittando di una bella beccheggiata[6], raggiungemmo la porta che dava accesso al ponte[7].

– Vietato! – urlò l'allievo. – Vi farete portare via!

Tentarono in ogni modo di trattenerci, ma troppo tardi: di nuovo il piroscafo alzava il naso al cielo. Povero equipaggio, è l'ultima immagine che ne serbo: un ter-

6. **beccheggiata:** movimento di beccheggio, cioè di ripetute oscillazioni della nave sull'asse della sua lunghezza.
7. **ponte:** parte scoperta della nave.

zetto che urla e ballonzola, appiccicato a una parete bianca...

Fuori, impossibile respirare, il vento soffiava fortissimo, soffocavo. Mi schiacciava le narici come un pugno. Credevo di aver trovato un rimedio nelle raffiche: girare la testa. Ma il vento aveva capito la mia meschina manovra: mi entrava dentro dal timpano, sentivo sotto i capelli come un gran repulisti[8], il vento mi strappava tutto quello che sapevo e me lo faceva uscire dall'altro orecchio: le lezioni di storia, le date che avevo imparato con tanta fatica, i verbi irregolari inglesi... Di lì a poco sarei stata del tutto cava[9]. E vuota.

Tommaso, come me, tentava di proteggersi, gli occhi sgomenti e le mani incollate alle orecchie.

Si sentì un lungo ululato di sirena: l'ordine di raggiungere al più presto una lancia di salvataggio[10].

Be', mia piccola Giovanna, bisogna guardare le cose in faccia: stavolta è la fine. Troppo tardi per cercare un salvagente. Se affondiamo, a cosa ti aggrapperai?

Ho cercato, cercato aiuto nel mio cervello deserto. Mi è apparsa una parolina, l'ultima che mi rimaneva, rannicchiata in un cartoccio, tre sillabe minuscole, terrorizzate almeno quanto me. "Dolcezza". Dolcezza come il sorriso timido di papà quando infine si decideva a parlarmi come a una grande, dolcezza come la carezza di mamma sulla fronte per aiutarmi a prender sonno, dolcezza come la voce di Tommaso quando mi raccontava al buio che amava una ragazza di seconda, dolcezza, il suono che

8. **repulisti:** pulizia e riordino effettuati eliminando tutto ciò che non serve.
9. **cava:** scavata, vuota.
10. **lancia di salvataggio:** piccola barca posta sulla nave che si utilizza per salvare i passeggeri nel caso la nave affondi.

mi aveva sempre ridato fiducia e voglia di vivere mille anni e più.

Ho urlato a Tommaso di fare come me:

– Scegli una parola, quella che ti piace di più!

Nel frastuono, sicuramente non ha sentito. La maledetta tempesta si accaniva: non ci lasciava la minima possibilità. Ho avuto appena il tempo di dirgli che lo odiavo e anche che lo amavo.

Aveva, come me, scelto una parola? E quale? Ferrari, calcio? Non gliel'ho mai domandato. Le nostre parole preferite sono cose intime, come il colore del nostro sangue. E sono sicura che lui avrebbe riso della mia, dolcezza, proprio una parola da bambina.

Lentamente – com'è angosciante la lentezza! –, lentamente la poppa[11] della nostra nave si è innalzata verso il cielo senza sole. Mi sono sentita cadere: dolcezza, ripetevo, dolcezza, mi pareva che, a forza di dirla, la parola si gonfiasse, come il collo di certi uccelli innamorati; l'avevo avvolta con le braccia, dolcezza, mio salvagente.

E poi le luci nere si sono spente e, a uno a uno, anche tutti i rumori. Più niente.

11. poppa: parte posteriore di una nave o di un'imbarcazione.

Capitolo quarto

Prima, qualcosa di appuntito mi pizzicò la pelle del cranio, come se avessi i pidocchi, cosa che non poteva più darsi dal gennaio scorso.

Poi, un rumore dolcissimo e regolare mi accarezzò i timpani, come l'andirivieni di una scopa stanca sul pavimento di una casa, come il viaggio ostinato di un pezzo di grana su una grattugia.

Infine, un profumo fresco mi percorse le narici, un odore di sale e di terra bagnata.

Nella mia testa intontita, impostai l'addizione:

una pelle viva +
un orecchio vivo +
un naso vivo =
una Giovanna viva.

Questa eccellente notizia (ero sopravvissuta al naufragio) fu seguita da un nero terrore (cos'è successo a Tommaso?). Aprii lentamente, lentamente gli occhi. Era lì, quel mostro di mio fratello, seduto tranquillamente sulla spiaggia, intento a grattarsi, senza alcuna eleganza, i calzoni. Assolutamente disinteressato della sorte di sua sorella. La tempesta non l'aveva cambiato: insulso[1] come sempre! Mosse le labbra, sicuramente per insultarmi, come al solito. Ma non ne uscì niente, nessun suono. Naturalmente, pensai che facesse il buffone. E mi accinsi[2] a rispondergli a modo mio. Ma, come lui... niente: il vuoto in bocca. Ci guardammo, tutti e due smarriti. Tanto disperati adesso quanto contenti, un momento prima, di essere sopravvissuti per miracolo.

Muti. La tempesta ci aveva strappato tutte le parole.

Allora – che sia perdonato per tutte le sue cattiverie passate e future – Tommaso mi posò una mano sulla spalla. E con l'altra mi indicò la nostra nuova dimora[3]: un paradiso. Una baia cinta[4] da alberi così alti da toccare il cielo azzurro; un'acqua verde chiaro, più trasparente dell'aria; un merletto di corallo, lontano, su cui si frangevano rombando gli assalti del mare. Svanita ogni traccia di nave. E pesci innumerevoli, alcuni piccoli e bianchi, altri più larghi e neri. Spinti dalla corrente, venivano verso di noi. Apparve un uccello, poi ne arrivarono dieci, poi mille. Gridavano di gioia, si tuffavano, risalivano verso il cielo, gridavano di nuovo, si rituffavano. Mi pareva che non tenessero a lungo la preda nel becco. Non appena l'avevano ghermita[5], la risputavano. Quella cadeva, volteggiando, come una foglia minuscola e scintillante. E gli uccelli sparirono così com'erano

1. **insulso:** sciocco, futile, privo d'interesse.
2. **mi accinsi:** mi preparai.
3. **dimora:** luogo dove si vive, abitazione in senso generico.
4. **cinta:** circondata, recintata.
5. **ghermita:** afferrata con forza.

arrivati, sempre gridando, ma stavolta di rabbia... quantomeno così mi sembrava, non sapendo granché del loro linguaggio.

Capimmo la delusione degli uccelli poco dopo, quando i pesciolini bianchi vennero ad arenarsi[6] davanti a noi. Tre quadratini di plastica, ciascuno contrassegnato da una lettera, Z, N, E. Impossibile sbagliarsi, erano quelli con cui giocavano tutto il giorno i passeggeri, i campioni di Scarabeo. Ovvio che fossero furiosi, gli uccelli! Non sanno che farsene, dello Scarabeo, e detestano la plastica.

Poco dopo, una parola si accostò a riva, accompagnata dalla sua definizione:

INTOPPO (SENZA). Loc. avv.[7] Senza incontrare ostacoli, senza intralci, senza incidenti. *Viaggio senza intoppi. «La strada dell'iniquità [...] ha i suoi buoni intoppi*[8]*, i suoi passi scabrosi»* (A. Manzoni).

Una parola che galleggiava sull'acqua verde, una parola piatta come una medusa o una sogliola. Non ci voleva una grande furbizia per capire cos'era successo. La tempesta aveva tanto sballottato, come noi, i dizionari che le parole se n'erano staccate. E adesso i dizionari, svuotati del contenuto, dovevano essere adagiati sul fondo del mare, accanto ai loro amici, i campioni di Scarabeo.

6. **arenarsi:** sprofondare nella rena, cioè nella sabbia, rimanere in secca sulla sabbia; detto di solito di imbarcazioni.
7. **Loc. avv.:** locuzione avverbiale, due o più parole che assumono la funzione di avverbio.
8. **«La strada dell'iniquità... intoppi»:** citazione tratta da *I promessi sposi*, romanzo scritto da Alessandro Manzoni.

Il mare ci restituiva ciò che il vento ci aveva rubato. Migliaia di parole, un banco immenso che sciabordava[9] tranquillamente davanti a noi. Bastava tendere le braccia per pescarle. Ricordo le prime che ho preso in mano.

GIUDIZIO. S. m.[10], da *giudicare*. Fam.[11] Senno, buonsenso. «*Egli non ha la superiorità d'ingegno di lui, ma molta maturità di giudizio*[12]» (G. Verga).

TACITURNO. Agg.[13] Dal latino *tacere*. Persona che non parla molto. *Guglielmo il Taciturno*[14].

Si posavano sulla mia pelle come tatuaggi, fragili decalcomanie[15] che un bagno può cancellare.

Se avessi osato, me ne sarei coperta il corpo. Mi avrebbero accarezzata, ne sono certa, come sanno fare le parole, in modo discreto e conturbante[16].

Ma Tommaso, con la coda dell'occhio, mi sorvegliava: ho abbandonato le mie idee folli e l'ho imitato. Ho raccolto le parole nel cavo della mano, scostando nel modo più lento possibile le dita per far colare l'acqua. E le ho stese delicatamente sulla sabbia perché asciugassero al sole. Un sole sempre più forte, del resto: non avrebbe

9. **sciabordava:** galleggiando batteva ripetutamente contro la riva.
10. **S. m.:** sostantivo maschile.
11. **Fam.:** familiarmente, nell'uso comune.
12. **«Egli non ha la superiorità... giudizio»:** citazione tratta da *Una peccatrice*, romanzo scritto da Giovanni Verga.
13. **Agg.:** aggettivo.
14. **Guglielmo il Taciturno:** condottiero olandese che partecipò alla guerra di liberazione dell'Olanda contro la Spagna (1568-1648).
15. **decalcomanie:** immagini disegnate che si trasferiscono dalla carta a un'altra superficie.
16. **conturbante:** che suscita turbamento ed emozione.

bruciato le nostre piccole superstiti? Tommaso mi ha sorriso ("Brava, sorellina, non sei del tutto scema"). Per proteggerle, siamo andati a prendere delle foglie, lunghe foglie di banano.

Qualcuno, dietro di noi, canticchiava. Intenti al nostro lavoro, non l'avevamo sentito avvicinarsi.

Mio bel fiorellino,
uccellino mio delle isole.

Una voce di persona che culla, dolce, un po' triste, come un acquazzone di sera estiva. Una voce fragile come i sogni. Mi voltai lentamente, lentamente, per non spaventarla. Era un tipo di voce che poteva scappare via svelta come gli uccelli.

Un'apparizione ci sorrideva: un signore scuro di pelle e bassino, dritto come una I nel vestito di lino bianco e con una paglietta in testa. Da quale pianeta arrivava? Da un musical[17], da un carnevale dimenticato? Non sono molto brava a indovinare l'età dei negri. Ma, dalle rughe che gli striavano gli angoli degli occhi, dalle macchie più chiare sulla pelle, indovinavo che non era più tanto giovane. Si fece avanti.

Affascinata, guardavo le sue scarpe, dei mocassini bicolori, rosso e crema. Nessuna traccia di calze. Più che camminare sulla sabbia, come noi, sembrava che danzasse. Alzai la testa giusto in tempo per stringere la mano che lui mi tendeva:

17. musical: spettacolo che comprende ballo, canto e recitazione con una trama narrativa.

– Benvenuta, signorina. Tutti mi chiamano signor Enrico. Non temete, siamo abituati ai naufragi e ai naufraghi. Ecco qua mio nipote. Ci prenderemo cura di voi...

Lo accompagnava un adolescente gigantesco con addosso – questo – colori chiassosi[18], camicia a fiori, calzoni gialli a zampa d'elefante[19] e chitarra a tracolla. Taceva, sicuramente troppo intento a far ammirare i suoi occhioni verdi. Un nipote sublime[20], non c'era che dire.

– ...Non potete più parlare, vero? Non preoccupatevi, è normale, dopo i tremendi scossoni che vi ha inflitto la tempesta. Vi abbiamo visti da riva. Cos'avete fatto, al mare, perché si mostrasse tanto collerico? E il vento, Dio mio, che raffiche! È un miracolo che abbiate ancora la testa sulle spalle.

Ci eravamo alzati ondeggiando.

– Benvenuti tra noi. Un bel pisolino e domani starete già meglio. Venite, vi mostriamo il vostro alloggio.

Li seguimmo come potemmo. Arrivammo a un villaggio di capanne. Il signor Enrico ci aprì la porta della prima, dove ci aspettavano due letti bassi.

– Se vi svegliate per la fame, troverete frutta, acqua e pesce secco in questo cesto. Bene. Non abbiate paura, vi restituiremo la parola che vi è stata tolta dall'uragano. E anche qualche altra di cui dovreste rallegrarvi. La nostra isola ha dei poteri – come dire? – magici. Sbalordirete i vostri genitori. A proposito, la prossima nave arriva tra un mese. Abbiamo molto tempo davanti a noi...

18. **chiassosi:** vivaci, che attirano la vista.
19. **a zampa d'elefante:** modello di calzone stretto fino al ginocchio e svasato in fondo.
20. **sublime:** splendido, impareggiabile.

Il nipote sublime faceva l'indifferente, il tipo che fischietta e batte il piede a terra per l'impazienza guardando altrove. Ma io vedevo bene i suoi occhi verdi: splendevano nella penombra e non smettevano di sfiorarmi.

I nostri nuovi amici chiusero la porta. Insinuandosi[21] attraverso le stuoie, i raggi del sole lambivano[22] il pavimento. La canzone timida di una chitarra ci cullava. Chi suonava per noi? Chi aveva capito il nostro bisogno di musica dopo il fracasso caotico della tempesta? Il signor Enrico, il vecchio elegante, o suo nipote, il sublime dagli occhi verdi?

21. **Insinuandosi:** passando attraverso le fessure, infilandosi.
22. **lambivano:** sfioravano, toccavano appena.

Capitolo quinto

Il sole troneggiava già in mezzo al cielo. Sulla piazzetta un cane sbadigliava, tre capre rodevano un copertone, una farfalla passava e ripassava sotto il naso di un gatto obeso.

Dopo tanto tumulto, quella calma faceva venire le vertigini.

Il signor Enrico, seduto su un tronco d'albero, accarezzava la chitarra. Ogni tanto, le sue dita passeggiavano sulle corde, e allora tornava lo stesso motivo della sera prima, lo stesso che ci aveva fatto addormentare. Forse ci aveva accompagnato per tutta la notte, per scacciare gli incubi, gli orribili incubi che giocoforza[1] assalgono i sopravvissuti a una tragedia... Chi erano quelle persone che sapevano accudire così bene i naufraghi? E quali erano i loro poteri magici? Morivo dalla voglia di saperne di più. Quando mi prende l'impa-

1. **giocoforza:** inevitabilmente.

zienza, non posso fare a meno di muovermi. Abbozzai[2] tre passi di danza.

Il signor Enrico sorrise.

– Si direbbe che andiamo meglio. È già tardi. Vi porto al mercato. Così capirete cosa succede nella nostra isola.

Ghirlande di peperoncini, trance[3] di pescespada, di tonno e di barracuda, capre squartate, altre bestie a pezzi, occhi, lingue, fegati e grosse sfere brune (testicoli di toro), montagne marroncine di patate dolci, bottiglie bianche (rum agricolo), insalatiere, schiaccianoci, ventose rosa per sturare i lavandini, zampe di coniglio (portafortuna), pipistrelli rinsecchiti (portarogna), legnetti da masticare chiamati durolegno (per ridare vigore ai mariti mollaccioni)... e una folla variopinta che cicalava[4], contrattava, spettegolava, s'insultava, si sganasciava[5]... Senza contare, rasoterra[6], il duplice esercito, quello dei bambini che piagnucolavano, urlavano "mamma", e quello dei cani, la bocca spalancata e bavosa, vere e proprie pattumiere viventi: ingoiavano tutto ciò che cadeva e se ne andavano al sole a masticare pensosamente.

In fondo al viale, cambio d'atmosfera: quattro botteghe strette circondavano un rondò[7]. Sembrava la piazza di un villaggio in miniatura... I clienti si accostavano soltanto mormorando. Lanciavano a dritta e a

2. **Abbozzai:** accennai.
3. **trance:** fette, pezzi.
4. **cicalava:** chiacchierava, parlando sembrava riprodurre il verso della cicala.
5. **si sganasciava:** si sbellicava dalle risa, rideva a più non posso.
6. **rasoterra:** in basso, vicino a terra.
7. **rondò:** rotonda, spartitraffico.

manca[8] occhiate inquiete, come chi ha dei segreti da nascondere.

– Vi presento il nostro mercato delle parole – disse il signor Enrico. – È qui che faccio acquisti. Qui troverete o ritroverete tutto ciò che vi serve.

E si avvicinò alla prima botteguccia che uno striscione penzolante indicava come:

L'AMICO DEI POETI
E DELLA CANZONE

Buffo amico, quel bottegaio: un gigante magro, dall'aria addormentata e che non proponeva niente. Soltanto un vecchio libro smangiato. Per il resto, il suo scaffale era vuoto. Dopo i convenevoli d'uso[9], il signor Enrico fece le ordinazioni:

– Il mio ultimo ritornello non mi dà pace, non avresti una rima con "dolce" e una con "mamma"?

Mentre loro contrattavano, io me la filai verso la bottega a sinistra.

AL VOCABOLARIO DELL'AMORE
Sconti per i separati

Per l'appunto, una donna in lacrime supplicava:

– Mio marito mi ha lasciata di punto in bianco. Vorrei una parola che gli faccia capire il mio dolore, una parola terribile, che lo faccia vergognare.

8. **a dritta e a manca:** a destra e a sinistra, nel linguaggio marinaresco.
9. **convenevoli d'uso:** saluti, complimenti che si fanno di solito.

Il commesso, un giovincello, sicuramente un principiante, cominciò ad arrossire: – Subito, subito –. S'immerse in un vecchio volume e si mise a sfogliare come un matto. – Ho quello che fa per lei, un momentino. Ecco, può scegliere: afflizione[10]...

– Suona male.

– Nevrastenia[11]...

– Sembra un medicinale.

– Disperanza[12].

– La preferisco. Questa mi piace. Disperanza, sono in piena disperanza!

Fece scivolare una moneta nel palmo del commesso e se ne andò rimbaldanzita. Aveva in mano la sua parola nuova, disperanza, disperanza... Non era più sola, aveva ritrovato qualcuno con cui parlare.

Il cliente successivo era un vecchio, di almeno quarant'anni[13]; non pensavo che a quell'età ci s'interessasse ancora all'amore.

– Ecco. Mia moglie non sopporta più i miei "ti amo". "Dopo vent'anni, potresti variare, inventa qualcos'altro" mi dice, "sennò me ne vado".

– Facile, potrebbe dirle: "Mi rodo per te".

– No, ha paura dei topi.

– Ho una scuffia[14] per te.

– Cosa vuol dire?

10. **afflizione:** avvilimento, tristezza.

11. **Nevrastenia:** stato di debolezza nervosa che porta ansia, irritabilità.

12. **Disperanza:** mancanza di speranza, disperazione ma con un significato più tenue.

13. **un vecchio... quarant'anni:** a un bambino chi ha quarant'anni sembra già vecchio, mentre in realtà si trova solo a metà della vita.

14. **scuffia:** cotta.

– Sono così innamorato di te che mi sento tutto sottosopra. Come una barca che si è ribaltata...
– Proverò con questa. Se non funziona, gliela riporto.

Saremmo potuti rimanere lì fino a notte. La fila dei clienti si allungava. Tommaso, come me, tendeva l'orecchio: "le farò linguainbocca", "giocheremo alla cavallina". I suoi occhi splendevano, pareva che capisse delle cose. Faceva provvista. Al ritorno, avrebbe saputo parlare alle ragazze: loro non si sarebbero capacitate[15]. Da un pezzo cercava il modo per rimorchiare le grandi, quelle troppo grandi per lui.

Anche davanti alle altre botteghe si accalcava la folla. Avrei passato volentieri un po' di tempo da

DIOTALLEVI
NOMINATORE DIPLOMATO
DI PIANTE E PESCI

o dalla misteriosa

MARIA LUISA
ETIMOLOGA IN QUATTRO LINGUE

In risposta alla mia aria smarrita, il signor Enrico spiegò:
– L'etimologia ci dice l'origine delle parole. "Inferno", per esempio, viene dal latino infernus (di sotto), qualcosa che si trova in un luogo basso e scuro. Ma venite, ho

15. **non si sarebbero capacitate:** non avrebbero creduto alle loro orecchie.

molte altre parti dell'isola da mostrarvi. Adesso conoscete il posto. Tornateci quando volete.

Già ci trascinava via. Ebbi giusto il tempo di sentire una bella filza d'ingiurie proposte a qualcuno che non sopportava più il suo padrone. "Cucuzzaro[16]", "badalone[17]", "infingardo[18]"... Mi son detta che tutte calzavano a mio fratello come un guanto... e quanto più efficaci dei miei insultini abituali: "idiota", "cretino", "imbecille"!

Ah, come l'avrei coperto d'ingiurie, il mio fratellino adorato e detestato, coperto d'ingiurie perché si torcesse ai miei piedi chiedendo mercé[19] non appena io avessi aperto bocca.

Da quel momento, la mia vita di prima mi ha fatto vergognare, la vita di prima del naufragio, una vita da poveraccia, un'esistenza di quasi muta. Quante parole adoperavo, prima della tempesta? Duecento, trecento, sempre le stesse... Qui, fidatevi di me, mi stavo arricchendo, sarei tornata con un tesoro.

16. Cucuzzaro: il significato letterale sarebbe "venditore di zucche" ma nel linguaggio popolare assume il senso di "grossolano", "cafone".
17. badalone: letteralmente "grande leggio che si mette al centro del coro nelle chiese", nel linguaggio popolare "grande e stupido".
18. infingardo: pigro, poltrone.
19. chiedendo mercé: chiedendo pietà.

Capitolo sesto

Nel pomeriggio partimmo in piroga[1].

Per fortuna il mare era calmo e, attraverso le lunghe ciglia da ragazza, gli occhi verdi del nipote sublime non mi lasciavano mai. Senza quelli, sarei morta di terrore. Il ricordo delle onde enormi era pronto ad assalirmi, non chiedeva di meglio. Come scordare la visione della nostra povera nave a testa in giù?

Ma l'acqua restava liscia e trasparente come vetro. Bastava sporgersi per seguire la danza tranquilla dei pesci, viola, gialli a strisce rosse, piatti come il palmo della mano, tondi come palle, un festival di colori allegri. Nonostante la bellezza dello spettacolo, c'era una nota triste che non mi lasciava. Non potevo fare a meno di pensare ai nostri ex compagni di viaggio, ai campioni di parole piene di Z e W. Come fare per riportare gli annegati all'aria aperta?

1. **piroga:** imbarcazione a remi di tipo primitivo, scavata in un tronco o costruita con cortecce cucite, liane e pelli.

Un'altra famiglia di pensieri neri mi girava attorno come uno sciame di vespe che aspettino soltanto il momento propizio per pungere. Mentre c'imbarcavamo sulla piroga, avevo colto al volo una conversazione, una conversazione bisbigliata tra il mio sublime e suo zio Enrico:

– È da un pezzo che non si vedono.

– Sì, e mi stupisce. Di solito ce li troviamo sul groppone all'indomani del naufragio.

– Speriamo che lascino in pace i nostri amici.

– Povera incantevole signorina! Non ce la vedo bene, rinchiusa...

Di chi parlavano? E chi voleva imprigionarmi?

Come i nostri accompagnatori, scrutavo l'orizzonte. Da dove sarebbero arrivati i miei nemici?

Per fortuna, la nostra traversata durò meno di un quarto d'ora e nessuno ci disturbò.

Bruciato, quest'isolotto, come una torta di pasta sfoglia rimasta troppo a lungo in forno. E vuoto, assolutamente, di piante, di esseri viventi, di costruzioni, il luogo primo classificato nella categoria "Deserti", imbattibile nel *Guinness dei primati*[2] (capitolo "Nulla"). Un altopiano roccioso marrone scuro, terso[3], lavato, lustrato... Tale era il posto fascinoso[4] in cui eravamo approdati.

Buffa scelta per una gita! Il signor Enrico non tardò a dirci la ragione del nostro viaggio fin lì.

2. ***Guinness dei primati*:** la società britannica Guinness, produttrice di birra, ogni anno pubblica l'elenco di tutti i primati raggiunti in qualsiasi campo, tanto che "raggiungere il Guinness dei primati" è diventato un modo di dire usato comunemente.
3. **terso:** con la superficie pulita, priva di macchie e rilievi.
4. **fascinoso:** affascinante, attraente (usato qui in senso ironico).

– Sapete perché i deserti crescono un po' dappertutto sulla nostra Terra?... Basterebbe chiudere le palpebre per vederlo avanzare verso di noi, quel terribile esercito di sabbia. Ci parlano di riscaldamento del Pianeta, di foreste devastate... Forse è vero. Ma si dimentica l'essenziale. Qui, cent'anni fa, vivevano due villaggi, con tutto ciò che occorre per essere felici: piante, capanne, acqua dolce, donne, uomini, bambini, animali...

Non potevo crederci.

Qui, vita? Su questo quadratino di desolazione? Ma via! Esortavo il mio cervello a immaginare, ma si rifiutava, ricalcitrava[5], mi dava della matta.

– ...Un giorno, una tempesta forte come la vostra ha messo sottosopra quest'isola. Ha strappato alberi, naturalmente, e le case sono volate via. Ma tutto il resto è rimasto. Bastava ricostruire, e l'esistenza sarebbe ripresa, come prima, fino alla prossima tempesta.

Da un po' vedevo moltiplicarsi sul mare dei triangoli neri. Giravano e rigiravano attorno a noi come una giostra. Non ho capito subito che erano squali. Che quelle bestie non si nutrissero soltanto di carne fresca, ma anche di storie lugubri? E quella che raccontava il signor Enrico non aveva niente di allegro.

– Gli abitanti si erano fatti, come voi, sgraffignare[6] tutte le parole. Anziché venire da noi a reimpararle, hanno pensato di poter vivere nel silenzio. Non hanno più nominato niente. Mettetevi al posto delle cose, dell'erba, degli ananas, delle capre... A forza di non sentirsi mai chiamare, si sono intristite, sempre più

5. **ricalcitrava:** si opponeva, faceva resistenza.
6. **sgraffignare:** rubare, portare via.

magre, e poi sono morte. Morte per mancanza d'attenzione; morte, a una a una, di disamore[7]. E gli uomini e le donne che avevano scelto il silenzio sono morti a loro volta. Il sole li ha rinsecchiti. Dopo poco, di loro non è rimasto altro che una pelle, sottile e bruna come un foglio di carta da pacco, portato via come niente dal vento.

Il signor Enrico si zittì. Gli erano venute le lacrime agli occhi. Forse aveva delle nonne, dei nonni tra quei rinsecchiti. Ci ha riportati alla piroga. Gli squali, dopo la fine della storia, erano scomparsi.

– Sapete quante lingue muoiono ogni anno?

Come potevamo rispondergli, privati com'eravamo di parole e ancor più di numeri? Vi ricordo che, dopo gli scossoni della tempesta e gli assalti del vento, le nostre povere teste non potevano più costruire la minima frase! Riuscivamo a malapena a capire quello che ci dicevano.

– Venticinque! Venticinque lingue muoiono ogni anno! Muoiono per non essere state parlate. E le cose indicate da quelle lingue si estinguono con loro. Ecco perché i deserti, a poco a poco, ci invadono. A buon intenditor...![8] Le parole sono i piccoli motori della vita. Dobbiamo averne cura.

Ci guardava fisso, prima l'uno e poi l'altra, Tommaso e me. La sua allegria, la sua cortesia erano svanite, fagocitate[9] da una tremenda serietà. Borbottava tra sé e sé,

7. **disamore:** mancanza d'amore.
8. **A buon intenditor...!:** modo di dire che, completo, suona "a buon intenditor poche parole", cioè a chi se ne intende, a chi sa di che cosa si sta parlando bastano poche parole per comprendere.
9. **fagocitate:** assorbite, inglobate.

con una mano teneva il fuoribordo[10], con l'altra contava sulle dita: venticinque di meno ogni anno... Dato che sulla Terra sono rimaste cinquemila lingue vive, nel 2100 ne resteranno soltanto la metà, e dopo?

L'arrivo del buio gli fece sbollire la rabbia. Come se l'oscurità fosse, con la musica, la sola vera casa del signor Enrico, il posto in cui poteva vivere a modo suo senza temere alcun pericolo.

Una volta raggiunta la spiaggia, ci lasciò a sistemare la piroga e andò a unirsi a un'orchestra, un po' più in su, al margine del bosco.

Il tempo di stendermi sulla sabbia, di salutare educatamente le stelle, e dormivo.

10. **fuoribordo:** motore di barca installato all'esterno dello scafo.

Capitolo settimo

Di norma detesto le vecchie signore. Niente di più ipocrita di quelle bestiacce. Tutto miele con noi bambini, carezze e *ghe-ghè, ghe-ghè* quando i genitori le guardano. Ma, non appena questi ultimi girano la schiena, loro si vendicano della nostra gioventù, ci pizzicano con le dita scarnite[1] di strega, ci pungono con i loro ferri da calza o, supplizio peggiore, ci baciano a ogni piè sospinto[2] per punirci del nostro buon profumo o della nostra pelle morbida.

Quella che mi fu presentata quel giorno, però, l'ho amata fin dal primo momento.

Una casetta come se ne vedono a centinaia al bordo di tutte le spiagge: banale, bianca, un solo piano, due finestre e un balcone per ubriacarsi d'orizzonte. Un cartello sulla porta:

1. **scarnite:** magre, ossute.
2. **a ogni piè sospinto:** modo di dire che significa "spesso", "ad ogni momento".

ENTRATE SENZA BUSSARE.
MA, PER FAVORE,
ASPETTATE LA FINE DELLA PAROLA.
GRAZIE.

E un bisbiglio, suoni che erano più fruscii che parole, come un cinguettio di passero malato o come le preghiere in chiesa. Del resto – l'ho capito in seguito – si trattava proprio di una preghiera.

Il signor Enrico aprì. Nessuno. Attraversammo il salotto pieno di animali impagliati tarlati[3] e di libri sbrindellati[4]. Che la gente di quell'isola amasse i romanzi al punto di divorarli? A parte quello, nient'altro. Solo il mormorio ci guidava. Altra porta. Il giardino. Un fazzoletto di terra con tre palme, un tavolo rotondo coperto di pizzo su cui stava un grosso dizionario aperto.

E, ben seduta su una sedia a schienale altissimo, come se ne vedono nei castelli, con indosso un vestito bianco da festa, la persona più vecchia che abbia mai conosciuto. Capitemi: non soltanto rugosa, ma piena di crepacci, di forre[5], scavata, con veri e propri canyon[6], gli occhi invisibili sotto inverosimili pieghe e la bocca scomparsa in fondo a un buco. Il tutto sovrastato da una criniera immacolata, la capigliatura di una leonessa delle nevi. Non osavo immaginare il numero d'anni necessari a scolpire quei solchi sulla pelle e a lavare... rilavare quei capelli.

3. **tarlati:** divorati dai tarli, insetti che scavano lunghe gallerie nel legno.
4. **sbrindellati:** ridotti a brandelli, a pezzi.
5. **forre:** fossati ripidi e scoscesi scavati dall'erosione delle acque.
6. **canyon:** valli strette e profonde originate dai fiumi che scorrono in zone aride.

Un ventilatore vegliava su quell'antichità. Si sarebbe detto un cane, quel ventilatore. Il suo unico occhione, fisso sulla padrona, ringhiava a comando.

– Erisipela.

L'antichità modulava le sillabe con una dolcezza che non avevo mai sentito da nessuna parte, con una tenerezza timida; sussurrava come un'innamorata. Forse per questo si era scelta un vestito da sposa. Perché nessuno aveva mai pronunciato il mio nome a quel modo?

Come richiedeva il cartello, aspettammo "la fine della parola".

– Erisipela.

Ovviamente, non avevo la minima idea del senso di quelle cinque sillabe. Non dovetti aspettare a lungo.

Comparve una mano tutta rosa, nel minuscolo giardino, e si posò sul pizzo del tavolo. Sulla mano, spuntò una macchiolina rossa.

– È proprio questa – sussurrò il signor Enrico. Si era chinato sul dizionario e leggeva la definizione: *Erisipela: infezione cutanea a chiazze rosse migranti.*

Trascorsero sette minuti nel silenzio assoluto. Si sentiva soltanto in lontananza il canto di qualche uccello e il raspare[7] del mare sulla sabbia. Poi mano e macchiolina scomparvero. Ma la parola rimase, le sue cinque sillabe splendenti volteggiavano in aria, come una farfalla. Sparì di lì a poco sbattendo le ali, per dire grazie, grazie di avermi pronunciata. La donna più vecchia del mondo si voltò verso di noi. Impossibile dire se ci vedeva. Ve l'ho detto: al posto degli occhi aveva soltanto pieghe.

Il ventilatore non apprezzava la nostra presenza. Da

7. **raspare:** grattare via, erodere.

bravo cane da guardia, ringhiava e soffiava. Lo si sentiva pronto, per difendere la sua padrona, a saltare addosso ai visitatori e a farli a fettine.

Per fortuna, il vento che produceva voltò la pagina del grosso dizionario. E, con la stessa voce dolce, tenera, da innamorata, la nominatrice[8], senza più occuparsi di noi, lesse lentamente le tre sillabe di un'altra parola:

– Echini.

Una famiglia di ricci di mare comparve improvvisamente sull'erba del giardino.

– Avete capito qual è il suo lavoro? – ci bisbigliò il signor Enrico. – Ridà vita alle parole rare. Senza di lei, sparirebbero per sempre nell'oblio[9].

Siamo rimasti a lungo nel giardinetto, incantati dallo spettacolo di quelle risurrezioni[10]. Cos'è uno "spinterometro"? Un apparecchio composto da due parti metalliche tra le quali sprizzarono scintille. Cos'è uno "scrivano"[11]? Una specie di coleottero. Che si posò su una lunga foglia d'acanto[12] e, in preda a una fame improvvisa, vi ritagliò dei buchi a forma di lettera...

Oh, la gioia di quelle parole strappate all'oblio! Si stiracchiavano, si riscuotevano, alcune non dovevano aver visto la luce per secoli.

Cos'è un "libro elefantino"? Un libro con le pagine

8. **nominatrice:** colei che "dice" i nomi delle cose.
9. **oblio:** totale dimenticanza, cancellazione completa dalla memoria.
10. **risurrezioni:** rinascite.
11. **scrivano:** una specie di coleottero: oltre ad essere un parassita che traccia delle linee curve sulle foglie della vite o sugli acini d'uva, lo scrivano è anche semplicemente chi scrive o copia documenti e messaggi. Mestiere che oggi è scomparso, almeno presso le civiltà occidentali.
12. **acanto:** pianta erbacea, con foglie pennate e fiori bianchi o rosa disposti in spiga.

d'avorio. Cosa sono le "mascelle"? Tenaglie usate dai maestri vetrai per prendere i crogioli[13] dove si scioglie il vetro.

Veniva notte. In punta di piedi, abbiamo lasciato la nostra vecchia amica.

– Cara nominatrice! – Il signor Enrico aveva gli occhi teneri di un bimbo mentre parla di sua madre. – Possa campare mille anni! Abbiamo tanto bisogno di lei! Dobbiamo proteggerla da Necrode.

Vedendo la mia aria angosciata (chi poteva mai essere quel Necrode?), mi prese per una spalla e mi parlò di politica, come a una grande.

– Necrode è il governatore dell'arcipelago, ben deciso a mettervi ordine. Non sopporta la nostra passione per le parole. Un giorno l'ho conosciuto. Ecco cosa mi ha detto: "Tutte le parole sono degli strumenti. Né più né meno. Strumenti di comunicazione. Come le automobili. Strumenti tecnici, strumenti utili. Che idea balzana adorarle come dèi! Si adorano forse i martelli e le tenaglie? D'altronde, le parole sono troppo numerose. Volenti o nolenti, le ridurrò a cinquecento, seicento, lo stretto necessario. Si perde il senso del lavoro quando si hanno troppe parole. Hai visto gli isolani: pensano soltanto a parlare o a cantare. Fidati di me, cambierà". Ogni tanto, manda degli elicotteri muniti di lanciafiamme e fa bruciare una biblioteca...

Rabbrividivo. Ecco dunque i famosi nemici che ci minacciavano! Per la rabbia, le dita del signor Enrico mi stringevano il collo, sempre più forte. Mi sforzavo di non gridare. Sentivo quasi dolore.

13. crogioli: recipienti dove si fondono i metalli o le sostanze che si mescolano per ottenere il vetro.

– Non illuderti, Necrode non è solo. Molti la pensano come lui, soprattutto gli uomini d'affari, i banchieri, gli economisti. La diversità delle lingue li intralcia nei loro traffici: detestano dover pagare dei traduttori. Ed è vero che, se la vita si riduce agli affari, al denaro, al comprare e vendere, le parole rare non sono poi così necessarie. Ma non preoccuparti, da un pezzo sappiamo proteggerci.

Così finì la nostra terza giornata sull'isola. Così ebbe inizio per me la consuetudine di una piccola cerimonia che mi ha sempre portato soltanto gioia: ogni domenica sera, prima di addormentarmi, mi immergo per qualche minuto in un vocabolario, scelgo una parola a me sconosciuta (ho soltanto l'imbarazzo della scelta: quando penso a tutte quelle che ignoro mi vergogno) e la pronuncio a voce alta, con affetto. Allora, ve lo giuro, la mia lampada lascia il comodino su cui sta di solito e se ne va a illuminare qualche regione del mondo sconosciuta.

Capitolo ottavo

LA SOLITUDINE DI GIOVANNA E LA VOGLIA DI CHIAMARE SUA [illegible]

Un singhiozzo mi ha svegliata nel bel mezzo della notte. Lo conosco bene, quel singhiozzo. È una specie di groppo[1], mi si ficca in gola, proprio sotto il punto dove si trovavano le tonsille prima che un chirurgo-macellaio me le togliesse. Il groppo viene quando sono troppo sola per tenermi compagnia. Detto tra noi, preferirei qualcun altro come compagnia. Ma non sempre si scelgono i propri amici e tutto è preferibile alla solitudine.

Mi sono seduta sul letto. Se resto sdraiata, quel groppo m'impedisce di respirare.

"E se ci provassi?"

L'immagine della nominatrice non mi lasciava. Avevo anch'io quel potere? Non osavo. Il cuore mi batteva forte. Mi tremavano le mani. Ho pronunciato "Mamma", sottovoce, per non disturbare Tommaso che aveva finito con l'addormentarsi.

1. **groppo:** nodo; "avere un groppo in gola" significa avere voglia di piangere.

Un momento dopo, lei era lì in piedi accanto a me, la mia vera mamma, con i capelli biondi, il profumo di sapone, il sorriso di bambina, gli occhi stretti e la mano aperta, sempre pronta ad accarezzarmi la guancia.

Ci guardavamo, e guardavamo, fino a provarne dolore, senza dir nulla. Toccava a me parlare, ma non potevo. Non avevo ancora ritrovato le mie parole. Non ero ancora guarita dalla tempesta.

La mamma è rimasta così poco, alla luce della luna. Avevo un occhio sul mio orologio luminoso e un altro sulla mamma. Durano pochissimo sette minuti.

E lei se n'è andata, con un cenno della punta delle dita: arrivederci. Portandosi via il singhiozzo. Mamma è così: mi toglie i singhiozzi. Spero che non li tenga per sé. In seguito, inventerò pattumiere da singhiozzi. Finirebbero nelle discariche, dove li mangerebbero i topi. Si dice che i topi mangino di tutto. Ci sentiremmo più leggeri. Mi sono riaddormentata.

Capitolo nono

– Lasciatela in pace!

Già da un po', dentro il mio sonno, sentivo dei bisbigli sempre più accalorati[1] – "andatevene", "non vedete che dorme?" – accompagnati da battiti di ali minuscole, da ronzii leggeri, come quelli delle zanzare prima di pungere.

Aprii lentamente gli occhi. Un volo di una trentina di parole mi assaliva. "Epitropo[2]", "carda[3]", "clizia[4]", "mastaba[5]" e molte altre che ora ho dimenticato.

Il nipote sublime cercava di allontanare quello sciame con grandi sventagliate.

– Stupide! Se pensate che svegliandola riuscirete a sedurla... –

1. **accalorati:** infervorati, appassionati.
2. **Epitropo:** funzionario pubblico dell'antica Grecia.
3. **carda:** macchina per la cardatura, una delle operazioni nella produzione di filati e quindi di tessuti.
4. **clizia:** girasole, dal nome della ninfa Clizia che secondo la mitologia greca fu trasformata in tale fiore.
5. **mastaba:** monumento funerario egizio a forma di piramide tronca.

Care parole, capivo bene la loro richiesta. Ma cosa potevo fare? Non avevo né la pazienza né la vocazione della nostra vecchia amica, per nominare tutto il giorno. Il mio mestiere, alla mia età, ventiquattr'ore su ventiquattro, era giocare, nuotare, vivere, non bisbigliare sillabe. Mi alzai di scatto, con gran spavento delle mie assalitrici. Capendo che con me perdevano tempo, le parole andarono a cercare aiuto altrove.

Dalla soglia, il signor Enrico aveva assistito alla scena con un sorriso ancora più largo del solito. Tommaso aveva subìto gli stessi miei affettuosi assalti. Solo che, essendo violento, lui aveva scacciato le visitatrici a cuscinate.

– Ebbe', dite un po', voi due, sembra che le nostre amiche[6] vi abbiano adottato! Non vi dà troppo fastidio l'invasione?

A essere sincera, io che detesto rifare la mia stanza, avrei volentieri messo un po' d'ordine nella mia testa. Le parole si erano rintanate dappertutto, sotto i miei capelli, dietro la mia fronte, dietro i miei occhi. Le sentivo ammucchiarsi a casaccio in tutti i cantucci del mio cranio. Sentivo tornare a passo di carica il mal di testa...

Tanto più che il signor Enrico si era messo a trarre degli orrori dalla chitarra, suoni pasticciati, un caos davvero crudele, una cacofonia[7] che mi entrava nelle orecchie e mi trapanava i timpani. Cosa gli era preso, per torturarmi a quel modo?

– Vedete, le parole sono come le note. Non basta metterle insieme. Senza regole, niente armonia. Niente musica. Soltanto rumori. La musica ha bisogno di solfeggio[8],

6. **le nostre amiche:** si riferisce alle parole.
7. **cacofonia:** insieme di suoni sgradevoli.
8. **solfeggio:** in musica, esercizio per lo studio delle note e della loro durata.

così come la parola ha bisogno di grammatica. Ricordate ancora qualcosa della grammatica?...

Povera me!

Ricordavo soltanto l'orrore delle coniugazioni, la tortura degli esercizi, le infernali proposizioni ipotetiche...[9]

Tommaso faceva delle smorfie che erano peggiori delle mie.

– Facciamo una scommessa? – riprese il signor Enrico. – Se da qui a una settimana non amate la grammatica, io rompo la mia chitarra.

Gli abbiamo sorriso cortesemente, per fargli piacere. Sembrava così convinto! Ma farci amare la grammatica... mai! Povera chitarra. Una volta vinta la scommessa, gli avremmo chiesto di risparmiarla.

Il sublime ci aspettava fuori con quattro cavalli.

– La città dei nomi è a nove chilometri. Il primo che arriva vince una mia canzone.

Abbiamo galoppato a perdifiato. Credo che i due abbiano lasciato vincere Tommaso.

9. **proposizioni ipotetiche:** frasi introdotte dalla congiunzione "se".

Capitolo decimo

Siamo arrivati in cima a una collina dove ci aspettava lo spettacolo più strano e più allegro del mondo.

– A partire da adesso, nessun rumore – bisbigliò il signor Enrico. – Non bisogna disturbarle.

Mi domandai per quali importanti personaggi dovevamo prendere simili precauzioni. Una principessa sul punto di baciare il suo amato segreto; attori cinematografici intenti a girare? La risposta, molto più semplice e assolutamente imprevedibile, non avrebbe tardato ad arrivare. A passo felpato[1], mi accostai a una ringhiera traballante di vecchio legno. Sotto di noi si stendeva una città, una vera città, con strade, case, negozi, un albergo, un municipio, una chiesa col campanile a punta, un palazzo moresco[2] fiancheggiato da una torre (una moschea[3]?), un ospedale, una caserma dei pompieri... Una città in tutto e per tutto simile alle nostre. Con tre sole differenze.

1. **felpato:** silenzioso, che non produce rumore.
2. **moresco:** di stile arabo.
3. **moschea:** luogo di culto islamico.

1. La grandezza, Tutti gli edifici erano la metà del normale. Sembrava un bozzetto[4], uno scenario teatrale...
2. Il silenzio. Di solito, le città fanno molto rumore: automobili, ciclomotori, motori di vario genere, sciacquoni, urla, scalpiccio di suole sui marciapiedi... Lì, niente. Soltanto fruscii leggerissimi, fru-fru impercettibili.
3. Gli abitanti. Né uomini né donne; nessun bambino. Le strade erano percorse soltanto da parole. Parole innumerevoli, splendenti sotto il sole. Passeggiavano come se niente fosse, stendevano tranquillamente in aria le loro sillabe, procedevano, le une austere, chiaramente consapevoli della loro importanza, amanti dell'ordine, della linea retta (la parola "Costituzione", le parole "analisi dell'urina" a braccetto, la parola "carburatore"). Era sorprendente vederle fermarsi ai semafori rossi, anche se nessuna automobile le minacciava. Le altre parole, molto più capricciose, incontrollabili, volteggiavano, caracollavano[5], capriolavano come minuscoli cavalli pazzi, come farfalle ubriache: "piacere", "reggiseno", "olio d'oliva"... Seguivo, affascinata, le loro tresche. Non avevo mai prestato grande attenzione alle parole. Mai e poi mai avrei immaginato che ciascuna avesse, come noi, un suo carattere.

Il signor Enrico ci prese per le spalle, Tommaso e me, e ci sussurrò all'orecchio la storia di quella città.

– Un bel giorno, nella nostra isola, le parole si sono

4. **bozzetto:** disegno preparatorio per un quadro o per una scenografia.
5. **caracollavano:** trotterellavano di qua e di là.

ribellate. È successo molto tempo fa, all'inizio del secolo. Io ero appena nato. Una mattina, le parole hanno rifiutato di continuare a vivere come schiave. Una mattina, non hanno più accettato di essere convocate a tutte le ore, senza il minimo rispetto, e poi ricacciate nel silenzio. Una mattina, non hanno più sopportato la bocca degli umani. Sono sicuro che non avete mai pensato al martirio delle parole. Dove ristagnano[6] le parole prima di essere pronunciate? Pensateci un momento. In bocca. Tra le carie e vecchi rimasugli di carne incastrati tra i denti; impuzzolentite dall'alito cattivo, scorticate da lingue impastate, affogate nella saliva acida. Accettereste, voi, di vivere in una bocca? Così, una mattina, le parole sono scappate. Hanno cercato un rifugio, un paese in cui vivere fra di loro, lontano dalle bocche odiose. Sono arrivate qui, un'ex città mineraria, abbandonata da quando non vi si trovava più oro. Ci si sono sistemate. Ecco, ora sapete tutto. Vi lascerò qui fino a stasera, devo finire la mia canzone. Potete guardarle quanto volete, le parole non vi faranno alcun male. Ma non vi azzardate a entrare in casa loro. Sanno difendersi. Possono pungere peggio delle vespe e mordere meglio dei serpenti.

Immagino che voi siate come me prima che arrivassi in quest'isola. Avete conosciuto soltanto parole prigioniere, parole tristi, anche se facevano finta di ridere. Allora devo proprio dirvelo: quando sono libere di occupare il tempo come vogliono, anziché servirci, le parole fanno una vita allegra. Passano le giornate a travestirsi, a truccarsi e a sposarsi.

6. **ristagnano:** si fermano, restano bloccate.

Dall'alto della collina, sulle prime non ho capito niente. Le parole erano così numerose! Vedevo soltanto una grande confusione. Mi sentivo persa in quella folla. Ci ho messo un po', ho imparato soltanto pian piano a riconoscere le tribù principali che compongono il popolo delle parole. Infatti le parole si organizzano in tribù, come gli umani. E ogni tribù ha il suo mestiere.

Il primo mestiere è quello di indicare le cose. Vi è già capitato di visitare un orto botanico? Davanti a tutte le piante rare c'è un cartellino, un'etichetta. Ecco il primo mestiere delle parole: mettere su tutte le cose del mondo un'etichetta per raccapezzarsi[7]. È il mestiere più difficile. Sono così tante, le cose, e così complesse, e cambiano senza posa! Eppure, per ciascuna bisogna trovare un'etichetta. Le parole incaricate di questo difficile compito si chiamano nomi. La tribù dei nomi è la tribù principale, la più numerosa. Ci sono nomi maschi, che sono i maschili, e nomi femmine, che sono i femminili. Ci sono nomi che etichettano gli umani: sono i nomi di persona. Per esempio, le Giovanne non sono i Tommasi (per fortuna). Ci sono nomi che etichettano le cose che si vedono e nomi che etichettano le cose che esistono ma restano invisibili, per esempio i sentimenti: la rabbia, l'amore, la tristezza... Capirete dunque perché, ai piedi della collina, i nomi pullulavano[8]. Le altre tribù di parole dovevano lottare per farsi spazio.

Per esempio, la piccolissima tribù degli articoli. Il suo compito è semplice e quasi inutile, confessiamolo. Gli ar-

7. **raccapezzarsi:** capirci qualcosa, riuscire a orientarsi.
8. **pullulavano:** spuntavano in grande quantità.

ticoli camminano davanti ai nomi scuotendo un campanello: attenzione, il nome che mi segue è un maschile; attenzione, è un femminile! un bue, la tigre.

Nomi e articoli vanno a spasso insieme, dal mattino alla sera. E, dal mattino alla sera, la loro occupazione preferita è quella di trovare vestiti o travestimenti. Viene da pensare che si sentano nudi, a camminare così per le strade. Forse hanno freddo, anche sotto il sole. Così passano il tempo nei negozi.

I negozi sono gestiti dalla tribù degli aggettivi.

Osserviamo la scena, senza fare rumore (altrimenti le parole si spaventeranno e scapperanno volteggiando in ogni senso; non le rivedremo per molto tempo).

Il nome femminile "casa" apre la porta, preceduto da "la", il suo articolo col campanello.

– Buongiorno, mi sento troppo sempliciotta, vorrei abbellirmi un po'.

– Abbiamo tutto ciò che le serve nei nostri scaffali – dice il direttore sfregandosi già le mani al pensiero del buon affare.

Il nome "casa" comincia a provare. Quanta perplessità[9]! Com'è difficile decidere! Questo aggettivo o quello? La casa s'interroga. La scelta è così ampia! Casa "azzurra", casa "alta", casa "fortificata", casa "colonica", casa "familiare", casa "fiorita"? Gli aggettivi girano attorno alla casa-cliente con arie da seduttori, per farsi adottare.

Dopo due ore di questa buffa danza, la casa esce con il qualificativo che le piaceva di più: "infestato[10]". Entusiasta dell'acquisto, ripete al suo articolo-valletto:

9. **perplessità:** dubbio, incertezza.
10. **infestato:** invaso, occupato.

– "Infestato", ma ci pensi? Io che amo tanto i fantasmi[11] non sarò mai più sola. "Casa" è banale. "Casa" e "infestato", ti rendi conto? D'ora in poi sarò l'edificio più interessante della città, farò paura ai bambini; oh, come sono contenta!

– Calma – la interruppe l'aggettivo. – Stai correndo troppo. Non siamo ancora concordati.

– Concordati? Cosa intendi dire?

– Andiamo al municipio. Lo vedrai.

– Al municipio? Non vorrai sposarti con me!

– Bisogna, dato che mi hai scelto.

– Mi domando se ho fatto bene. Non sarai un aggettivo un po' troppo appiccicoso?

– Tutti gli aggettivi sono appiccicosi. Fa parte della loro natura.

Tommaso, al mio fianco, seguiva quei discorsi con la mia stessa passione. Il tempo passava senza che ci sfiorasse l'idea di mangiare. L'interesse dello spettacolo aveva messo a tacere gli stimoli del nostro stomaco. Tanto più che, davanti al municipio, c'era agitazione. Stava per scoccare l'ora dei matrimoni, e noi non volevamo perdercela per nessun motivo.

11. Io che... fantasmi: la casa pensa che sarà infestata, piena di fantasmi che mettono paura.

Capitolo undicesimo

A dire il vero, erano buffi matrimoni.

Più flirt[1] che altro. Come nelle scuole di una volta, quando non erano miste. Nel regno delle parole, maschi con maschi e femmine con femmine.

L'articolo entrava da una porta, l'aggettivo da un'altra. Il nome arrivava per ultimo. Sparivano tutti e tre. Il tetto del municipio me li nascondeva. Avrei dato non so cosa per assistere alla cerimonia. Immagino che il sindaco rammentasse a ciascuno i diritti e doveri, dicendo che da quel momento erano uniti nella buona e nella cattiva sorte.

Uscivano insieme tenendosi per mano, concordati, un tutto maschile o un tutto femminile: il castello fatato, la casa infestata... Magari lì dentro c'era un distributore automatico e gli aggettivi vi si rifornivano di A finali per sposarsi con un nome femminile. Niente di più docile e

1. **flirt:** storie d'amore passeggere (in inglese).

malleabile[2] del sesso di un aggettivo. Cambia a volontà, si adatta al cliente.

Alcuni, ovviamente, nella tribù degli aggettivi, erano meno disciplinati. Non c'era verso che cambiassero. Fin dalla nascita avevano previsto tutto dotandosi di una E finale. Questi andavano alla cerimonia con le mani in tasca, fischiettando. "Utile", per esempio. Questa furba parolina si era premunita per ogni evenienza. L'ho vista entrare due volte in municipio, la prima con "strumento", la seconda con "legge". Uno strumento utile (un tutto maschile). Una legge utile (un tutto femminile). "Utile" è uscito dal municipio con aria tronfia[3]. Concordato in piena regola ma senza cambiare niente di sé. Si è girato verso la cima della collina. Ho avuto l'impressione che mi facesse l'occhiolino: vedi, Giovanna, non ho ceduto, si può essere aggettivi e mantenere la propria identità.

Fascinosi aggettivi, indispensabili collaboratori! Come sarebbero tristi, i nomi, senza i regali degli aggettivi: il sapore, le sfumature, i particolari...

Eppure, come sono maltrattati!

Voglio rivelarvi un segreto: gli aggettivi sono dei sentimentali. Credono che il loro matrimonio durerà per sempre... Significa non conoscere l'infedeltà congenita[4] dei nomi, maschiacci in tutto e per tutto, che cambiano qualificativo come se cambiassero giacca. Appena concordati, mollano l'aggettivo, tornano al negozio per cercarsene un altro e, senza il minimo imbarazzo, rivanno in municipio per un nuovo matrimonio.

2. **malleabile:** facilmente adattabile, flessibile.
3. **tronfia:** boriosa, piena di superbia.
4. **congenita:** innata, ereditaria.

La casa, per esempio, probabilmente non sopportava più i suoi fantasmi. In un batter d'occhio, ha preferito "storica". "Storica", "casa storica", vi rendete conto, e perché non "regia" o "imperiale"? E il povero aggettivo "infestata" si ritrova a vagare solo per le strade, l'anima in pena, supplicando che qualcuno lo prenda con sé: – C'è nessuno che mi vuole? Io aggiungo mistero a chi mi sceglie: una foresta... cosa c'è di più banale di una foresta senza aggettivo? Con "infestata", la più piccola foresta esce dall'ordinario...

Povera "infestata": i nomi passavano senza degnarla di un'occhiata.

Facevano male al cuore, tutti quegli aggettivi abbandonati.

Tommaso aveva un sorriso beato. Lo conosco da così tanto tempo che non ha bisogno di parlare. Gli leggo nel cervello come in un libro aperto. Sapevo quali erano i suoi pensieri, pensieri volgari, pensieri tipici dei maschi: "Che paradiso questa città! Ecco dei matrimoni come piacciono a me: si prende una ragazza in negozio, si fa la festa in municipio. E l'indomani, op!, altra ragazza, e di nuovo in municipio".

Avrei pianto di rabbia e di disgusto.

Mi sono consolata con un altro spettacolo, quello del gruppo appena uscito dall'"Ufficio delle eccezioni". Un giorno vi racconterò la storia di questo ufficio. Mi ci vorrà un libro a parte. Tanto vale dirvelo subito: amo le eccezioni. Somigliano ai gatti. Non rispettano alcuna regola, fanno soltanto di testa loro. Quella mattina erano tre, un lunedì, un lapis, una dinamo. Sbeffeggiavano una bottegaia che voleva vendergli delle I o delle E:

– Le mie I e le mie E sono adesive. Basta che ve le appiccichiate al sedere per diventare plurali. Un plurale ha sempre più classe di un singolare.

I tre amici sogghignarono.

– Delle I o delle E come tutti? Non se ne parla proprio. Noi preferiamo rimanere come siamo. Con tutti i transessuali e travestiti[5] che girano per le strade!

La bottegaia si ritirò arrossendo.

5. **transessuali e travestiti:** persone che non accettano il proprio sesso e si identificano con quello opposto, assumendone caratteri fisici, atteggiamenti, abiti.

Capitolo dodicesimo

– Allora, che ve ne pare, voi che dicevate di odiare la grammatica!

Tutti presi dal nostro spettacolo, non avevamo sentito il signor Enrico tornare. Cominciavamo a conoscerlo meglio. Sotto la sua aria eternamente allegra (ridere era il suo modo di essere cortese), c'era, quella sera, dell'autentica gioia. Doveva aver trovato la rima che cercava per la sua canzone.

– Appassionante, vero? Vengo spesso qui a guardarle vivere. Mi piace la compagnia delle parole. Su, sono sicuro che non avete ancora individuato la tribù dei presuntuosi. Sì, i presuntuosi! Parliamo più piano, le parole hanno orecchie sensibilissime. E sono bestioline molto suscettibili. Vedi quel gruppo là, seduto sulle panchine sotto il lampione: "io", "tu", "lui", "colei", "loro". Li vedi? È facile riconoscerli. Non si confondono con gli altri. Stanno sempre per conto loro. È la tribù dei *pronomi*.

Il signor Enrico aveva ragione. I pronomi guardavano tutte le altre parole dall'alto in basso con un disprezzo...

– Gli è stato dato un ruolo molto importante: prendere, in certi casi, il posto dei nomi. Per esempio, anziché dire "Giovanna e Tommaso hanno fatto naufragio, il mare ha portato Giovanna e Tommaso su un'isola dove a Giovanna e Tommaso viene insegnato a parlare di nuovo"... anziché ripetere all'infinito Giovanna e Tommaso, è meglio usare i pronomi.

Mentre Enrico parlava, un pronome, "costoro", si alzò dalla panca e balzò su un nome plurale che passava tranquillo preceduto dal suo articolo, "i calciatori". In un attimo, "i calciatori" erano scomparsi, come inghiottiti da "costoro". Persa ogni traccia dei calciatori, "costoro" li aveva sostituiti. Non credevo ai miei occhi.

– Vedete, i pronomi non sono soltanto presuntuosi. Possono rivelarsi violenti. A forza di aspettare una supplenza[1], capita che si spazientiscano.

Il signor Enrico era molto divertito dal nostro stupore.

– Cosa credete? Non fidatevi del loro aspetto dolce, gentile, poetico. Le parole lottano fra di loro, spesso, e possono uccidere, come gli umani.

Continuò la sua rassegna:

– To', si direbbe che gli scapoli stiano cercando una fidanzata per la serata!

Anche quella tribù non l'avevamo distinta dalle altre, mentre era la sola a disinteressarsi del municipio. Era evidente che i matrimoni non facevano per loro. Quei tipi cercavano soltanto avventure. Il signor Enrico ci confermò quell'impressione.

– Ah, gli avverbi! Davvero invariabili, quelli! Non c'è modo di concordarli. Le femmine possono darsi da

1. **supplenza:** sostituzione, incarico.

fare quanto vogliono, non avranno alcun successo con loro.

Mi venne da sorridere. Il caos che la tempesta mi aveva messo nel cervello pian piano si dissipava[2]. Nomi, articoli, aggettivi, pronomi, avverbi... Forme che un tempo avevo conosciuto uscivano lentamente dalla nebbia. Ora sapevo, e per sempre, che le parole erano esseri viventi divisi in tribù, che meritavano il nostro rispetto, che, se lasciate libere, conducevano un'esistenza ricca quanto la nostra, con altrettanto bisogno d'amore, altrettanta violenza nascosta e più allegra fantasia.

Tommaso aveva avuto la sua dose di grammatica.

Fissava, ipnotizzato[3], le dita del nipote sublime che passeggiavano sulle corde della chitarra con una leggerezza di gatto.

– Si direbbe che la musica ti appassioni più delle parole. Un giorno ti porterò in un'altra città dove le note, come le parole qui, vivono fra di loro. Ne sentirai delle belle!

Poiché gli occhi di mio fratello brillavano (sembravano braci sul punto di uscire dalle orbite), il nipote gli fece scivolare la chitarra tra le braccia.

– Attento, se cominci con la musica, è per sempre, non potrai più farne a meno.

Mio fratello annuì[4], serio come non l'avevo mai visto. Non era ancora nata la donna cui avrebbe offerto un simile "sì".

– Benissimo. Allora, mostrami la tua mano sinistra.

Sentii all'orecchio la voce del signor Enrico.

2. **si dissipava:** si dissolveva, svaniva.
3. **ipnotizzato:** incantato.
4. **annuì:** acconsentì, fece cenno di sì.

– Credo che sia meglio lasciare soli i virtuosi. Non prendertela, Giovanna, non perdi niente nel cambio. Seguimi, in silenzio. Le parole sono come noi. Di notte, tremano di paura. Al minimo rumore sospetto tagliano la corda.

Capitolo tredicesimo

Le parole dormivano.

Si erano posate sui rami degli alberi e non si muovevano più. Noi camminavamo piano sulla sabbia per non svegliarle. Scioccamente, tendevo l'orecchio: avrei tanto desiderato sorprendere i loro sogni. Mi sarebbe piaciuto moltissimo sapere cosa passava per la testa delle parole. Naturalmente, non sentivo nulla. Soltanto il rombo sordo della risacca[1], laggiù, dietro la collina. E una leggera brezza. Forse soltanto il respiro del pianeta Terra che avanzava nel buio.

Ci avvicinammo a un edificio mal illuminato da una croce rossa tremolante.

– Ecco l'ospedale – mormorò il signor Enrico.

Rabbrividii.

L'ospedale? Un ospedale per le parole? Non riuscivo a crederci. D'un tratto, mi vergognai. Qualcosa mi

1. **risacca:** moto di ritorno di un'onda che viene respinta da un ostacolo.

diceva che eravamo noi umani i responsabili delle loro sofferenze. Sapete, un po' come quegli indiani d'America morti per le malattie portate dai conquistatori europei.

Non ci sono né astanteria[2] né infermieri in un ospedale di parole. I corridoi erano deserti. Ci guidavano soltanto le luci azzurrine delle lampade notturne. Nonostante le cautele, le nostre suole zigavano[3] sul pavimento.

Quasi in risposta, si udì un rumore debolissimo. Due volte. Un gemito soffocato. Passava da sotto una porta, come una lettera fatta scivolare con discrezione, per non disturbare.

Il signor Enrico mi lanciò una rapida occhiata e decise di entrare.

Era lì, immobile sul letto, la frasetta ben nota, fin troppo nota:

Ti amo

Due paroline magre e pallide, pallidissime. Le cinque lettere risaltavano a malapena sul candore delle lenzuola. Due parole collegate ciascuna da un tubo di plastica a un flacone pieno di liquido.

Ebbi l'impressione che la frasetta ci sorridesse.

Mi parve che ci parlasse:

– Sono un po' stanca. A quanto pare ho lavorato troppo. Devo riposare.

– Su, su, Ti amo – rispose il signor Enrico. – Ti cono-

2. **astanteria:** pronto soccorso, infermeria.
3. **zigavano:** producevano un suono stridente.

sco. Da quando sei nata. Sei forte. Qualche giorno di riposo e sarai di nuovo in piedi.

La lusingò a lungo con tutte le bugie che si dicono ai malati. Posò sulla fronte di Ti amo un guanto da toilette inumidito con l'acqua.

– Di notte è un po' dura. Di giorno le altre parole vengono a farmi compagnia.

"Un po' stanca", "un po' dura": Ti amo si lamentava soltanto a metà, aggiungendo "un po'" a tutte le sue frasi.

– Smetti di parlare. Riposati, ci hai dato tanto, rimettiti in forze, abbiamo un gran bisogno di te.

E le canticchiò all'orecchio il suo ritornello più grazioso.

Non ha più scampo la cerbiatta
il lupo la cerca per farle la festa
ta, ta, ta, ta
ma passa il cavalier per la foresta
e prende in collo la cerbiatta mesta[4]
ta, ta, ta, ta.

– Andiamo, ora, Giovanna. Dorme. Torneremo domani.

– Povera Ti amo. Riusciranno a salvarla?

Il signor Enrico era sconvolto quanto me.

Avevo le lacrime in gola. Non riuscivano a salire fino agli occhi. Noi ci portiamo dentro lacrime pesantissime. E, queste, non potremo mai piangerle.

4. **mesta:** triste, addolorata.

– ...Ti amo. Tutti dicono e ripetono “ti amo”. Ricordi il mercato? Bisogna trattare con cura le parole. Non ripeterle a ogni piè sospinto. Né usarle a casaccio, l’una per l’altra, raccontando bugie. Altrimenti si logorano[5]. E, a volte, è troppo tardi per salvarle. Vuoi far visita ad altri malati?

Mi guardò.

– Non starai per svenire, eh?

Mi prese a braccetto e lasciammo l’ospedale.

5. **si logorano:** si consumano, si deteriorano.

Capitolo quattordicesimo

L'indomani fui rapita.

Accompagnato dal nipote sublime, Tommaso non lasciava più la chitarra. Aveva trovato la sua alleata, la sua amichetta. Io non esistevo più.

In preda alla gelosia (ve l'ho già detto: si può amare il proprio fratello tanto quanto lo si odia), decisi di andare a passeggio sulla spiaggia.

Alcune lettere di plastica continuavano ad arenarsi sulla sabbia. Gli uccelli non ci cascavano più, passavano alti nel cielo sogghignando.

Fu allora che comparvero gli elicotteri neri.

Il tempo di gridare aiuto e fui tirata a bordo.

– Dov'è tuo fratello?

Dal mio arrivo nell'isola principale, tacevo. D'altronde, come avrei potuto parlare? I postumi[1] della tempesta continuavano a sconvolgermi la mente.

1. **postumi:** conseguenze, effetti.

Dietro la grande scrivania, un uomo calvo mi fissava con un sorriso minaccioso.

Un poliziotto al suo fianco prese la parola dopo di lui.

– Quando il governatore Necrode ti fa una domanda, sarebbe bene che rispondessi...

Per il momento, Necrode giocava la carta della dolcezza.

– È per il tuo bene...

Occhio. Quando un adulto comincia così, "è per il tuo bene", occhio, state all'erta. Il "per il mio bene" implica[2] in genere catastrofi, riposini da fare ("è per il tuo bene, hai l'aria stanca"), le lezioni da ripassare ("è per il tuo bene, non vorrai ripetere l'anno, no?"), la tele da spegnere ("è per il tuo bene, la televisione fa ingrassare").

– È per il tuo bene, piccina – (odio che mi chiamino così. D'accordo, sono alta soltanto un metro e cinquantaquattro, ma ho ancora altri sei anni almeno per crescere). – Non guardarmi così. Non ce l'ho con te. Abbiamo seguito la tua orribile avventura. Non preoccuparti, ci prenderemo cura di te. Conosciamo i naufragi. Sappiamo quali turbe grammaticofoniche[3] (prego?) comportano. Ti rimetteremo in sesto quanto prima. E potrai tornare a casa, con tuo fratello. Infatti lo troveremo, non temere. Sei fortunata: abbiamo qui, in giro d'ispezione, la specialista mondiale della frase. Buona permanenza, e non serve che mi ringrazi, faccio soltanto il mio dovere. A presto, verrò a controllare i tuoi progressi.

2. **implica:** sottintende, comprende.
3. **grammaticofoniche:** di pronuncia della grammatica, quindi dell'uso della grammatica.

Si chinò verso di me. Probabilmente voleva baciarmi, come fanno i personaggi importanti con tutte le bambine, per sembrare umani. Ovviamente, mi tirai indietro e scappai. E ovviamente i poliziotti mi riacchiapparono. E cominciò una nuova vita.

Capitolo quindicesimo

Nel corridoio, una voce.

Una voce di prima del naufragio.

Una voce che riconoscevo fra tutte.

– L'analisi del dialogo tra il lupo e l'agnello rivela un non rispetto del modello prototipico[1]: nessuna sequenza fàtica[2] d'apertura e di chiusura.

Mi turai[3] le orecchie, ma la voce mi s'intrufolava tra le dita, come un serpente gelido.

– Le premesse-presupposti[4] non svolgono alcun ruolo nell'argomentazione eristica[5] scelta dal lupo.

Impossibile scappare, il poliziotto mi teneva per una spalla.

– Ecco – mi disse. – Siamo arrivati. È la porta della tua aula. A stasera.

1. **prototipico:** originale, primitivo.
2. **fàtica:** detto di espressione che serve per stabilire un contatto verbale diretto fra due persone, per esempio: "Pronto! mi senti?", "Ciao, come va?".
3. **turai:** otturai, tappai.
4. **premesse-presupposti:** le ipotesi e i fatti che precedono la storia.
5. **eristica:** sottile e ingannevole.

Dei vecchi. Allineati come a scuola, seduti dietro ai banchi, ma soltanto vecchi. E anche vecchie. Intendiamoci: non proprio vecchi, non proprio vecchie; la gente sulla trentina o quarantina, per me, è anziana!

E la signora Gergoni mi sorrideva:

– Benvenuta, piccina. Benvenuta al nostro corso. Ti rendi conto della tua fortuna? Soltanto insegnanti. Come dire che reimparerai in fretta a parlare!

Avevo capito: un'intera classe di insegnanti. Seguivano uno di quei famigerati[6] corsi di cure pedagogiche.

Poveri insegnanti!

Mi guardavano con aria affranta[7]. Uno alto e moro m'indicò una sedia libera accanto a sé.

E la signora Gergoni riprese la sua lezione. La sua canzone incomprensibile:

– Dal «me l'hanno detto» del verso 26, l'edificio dialettico[8] finisce di crollare a tutto vantaggio della sofistica[9] del lupo. Passiamo ora alla fine della favola:

In fondo in fondo al bosco spesso (27)
lo porta il lupo e se lo mangia, (28)
senz'altra forma di processo. (29)

I versi 27-29 sono costituiti da due proposizioni narrative[10] che hanno per agente[11] S2 (il lupo) e per paziente[12] S1 (l'agnello), dove i predicati portare/ mangiare so-

6. **famigerati:** che hanno cattiva fama.
7. **affranta:** sfinita, abbattuta.
8. **dialettico:** logico, fondato sul ragionamento.
9. **sofistica:** modo di ragionare basato su ipotesi false e ingannevoli.
10. **proposizioni narrative:** frasi che narrano, raccontano un fatto.
11. **agente:** soggetto.
12. **paziente:** complemento oggetto.

no completati da una localizzazione spaziale (il bosco). Nella frase narrativa finale, la carenza[13] (fame di S2), introdotta fin dall'inizio come elemento scatenante-complicazione[14], si trova risolta ellitticamente[15]. Avete domande?

Sono rimasta due settimane nell'Essiccatoio[16].

Che altro nome dare a quell'istituto pedagogico?

La mattina, c'insegnavano a fare a pezzi la lingua. E nel pomeriggio ci insegnavano a essiccare quei pezzi tagliati la mattina, a cavarne tutto il sangue, tutto il succo, i muscoli e la carne.

La sera, restavano soltanto brandelli incartapecoriti[17], vecchi filetti di pesci calcinati[18] rifiutati persino dagli uccelli per quanto erano piatti, duri e nerastri.

A quel punto la signora Gergoni era soddisfatta. Brindava con i suoi collaboratori.

– Sono fiera di voi. Il nostro lavoro procede come si deve. Domani, sezioneremo Leopardi e dopodomani Manzoni...

Povera lingua! Come farla evadere da quel trabocchetto?

13. **carenza:** mancanza.
14. **elemento scatenante-complicazione:** ciò che provoca l'azione e complica la situazione.
15. **ellitticamente:** in modo circolare, ritornando cioè all'inizio.
16. **Essiccatoio:** luogo in cui avviene l'"essiccazione", cioè dove prodotti e materiali vengono privati dell'acqua che contengono. In questo caso è il luogo dove si prosciuga, si fa scomparire la fantasia.
17. **incartapecoriti:** secchi e gialli come la cartapecora, un tipo di carta che anticamente veniva prodotto facendo essiccare e poi raschiando le pelli di pecora.
18. **calcinati:** morti per il calcino che li rende bianchi e asciutti come un blocchetto di calce. In realtà il calcino attacca il baco da seta e non i pesci.

E poveri insegnanti!

La data della verifica si avvicinava. La prova che più temevano era il "glossario", un elenco di parole imposto dal ministero, con definizioni terribili. Per impararlo, lavoravano tutto il giorno e anche la notte, dopo lo spegnimento delle luci. Al buio, dalla mia stanzetta che si affacciava sul loro dormitorio, sentivo voci basse, bisbigli che recitavano:

– Apposizione: questa funzione esprime il rapporto tra la parola (o gruppo di parole) apposta[19] e la parola alla quale essa è messa in apposizione, rapporto identico, per il senso, a quello che lega l'attributo[20] e il termine al quale esso rimanda[21], ma diverso dal punto di vista sintattico[22], non essendo esso stabilito dal verbo.

– Valore dei tempi: le forme verbali presentano il processo in modi diversi, secondo l'aspetto e secondo il rapporto che esiste o no, nell'enunciato, con lo stato d'enunciazione[23]. Simili presentazioni si chiamano valori.

Qualcuno, che non riusciva a ricordare tutto, accendeva una pila. Imprecava, inveiva[24]. Piangeva quasi, leggendo quelle astruserie[25]: – Un approccio coerente dei generi bada dunque a far quadrare[26] le loro manifestazio-

19. **apposta:** aggiunta, unita, ma anche participio passato del verbo apporre.
20. **attributo:** aggettivo.
21. **rimanda:** riconduce, rinvia.
22. **sintattico:** relativo alla sintassi, quella parte della grammatica che contiene le regole di formazione delle frasi.
23. **stato d'enunciazione:** condizioni, tempo, modo relativamente ai quali si coniuga un verbo.
24. **inveiva:** ingiuriava, urlava.
25. **astruserie:** cose incomprensibili, non chiare.
26. **far quadrare:** far coincidere.

ni nel quotidiano e le loro realizzazioni letterarie, in una prospettiva di poetica generale...*

Poveri insegnanti perduti nella notte!

Avrei voluto soccorrerli. Dopotutto, quel "glossario" era stato concepito per me, alunna di quarta. Ma era colpa mia se non ci capivo un'acca[27]?

* Queste definizioni sono riportate testualmente dal programma del ministero francese della Cultura nazionale, della Ricerca e della Tecnologia (Programmi e Sostegno – Francese, classe IV, p. 55, Parigi 1999).

27. non ci capivo un'acca: non ci capivo niente.

Capitolo sedicesimo

– Vieni...

Un insetto, durante la notte, doveva essersi intrufolato nel mio orecchio e adesso lo sfrontato mi solleticava il timpano. Dovevo reagire. Uscii di malavoglia dal mio sogno: nel momento in cui la mia nave stava per affondare, arrivava un elicottero bianco e silenzioso. Il portello si apriva e veniva calata dal cielo, per me, una scala di seta. Aprii gli occhi.

– Che sonno hai! Be', vestiti in fretta...

Fiduciosa, seguii la voce, perché non vedevo niente. Il signor Enrico mi apparve soltanto fuori, e debolmente, come un'ombra. Per salvarmi, si era travestito da cameriere (in nero) e si era accordato con la Luna perché andasse a rischiarare altrove.

Alla porta dell'Essiccatoio, seduto sulla solita sedia, il custode-sorvegliante dormiva, un sorriso a un angolo delle labbra, un sigaro pendulo all'altro. Passando, il signor Enrico gli dette dei colpetti con la mano sul berretto.

– Gli ho canticchiato *Un'isola al sole*. Nessuno resiste

alla mia cantilena. Domattina, Necrode si prenderà una bella arrabbiatura.

Nella piroga del ritorno, una volta lontano dai pericoli, abbiamo brindato (rum, sempre rum) alla salute di quel lugubre Necrode. E poi ballato, ballato, rischiando mille volte di ribaltarci. E poi cantato e ricantato la cantilena della mia libertà.

È solo un'isola che riluce
tra altri isolotti soleggiati
dove i miei genitori sono nati
dove i miei figli vedranno la luce...

Ora capite perché, quando stento a prender sonno, mi basta canticchiare:

In mezzo all'erba rugiadosa
lei ha l'aria d'una giovane sposa
io la guardo e il mio fardello
mi sembra subito e lieve e bello.

Ho giusto il tempo di ricordare la confidenza del signor Enrico, la sua difficoltà nel trovare una rima con "sposa", la sua gioia quando gli venne l'immagine dell'erba rugiadosa.

– La vita logora, Giovanna, te ne accorgerai. Bisogna fare di tutto per addolcirla. E non c'è niente di meglio delle rime, per questo. Oh, spesso si nascondono, non è facile scovarle. Ma, una volta sistemate alla fine di ogni frase, vanno tutte d'accordo. Si direbbe che agitino le loro manine amiche. Ti fanno segno e ti cullano. Credo che non potrei più vivere senza le mie rime.

Tommaso mi aspettava sulla spiaggia, accanto al nipote decisamente sempre più sublime. Credevo che, da bravo fratello, si sarebbe buttato in acqua, al mio comparire, per stringermi a sé. E, nei suoi occhi, avrei letto ciò che voleva dirmi: – Oh, sorellina, ho avuto così paura. Mi sei tanto mancata... Non ti hanno fatto del male, vero? Altrimenti li ucciderò, te lo giuro...

Ahimè, mio fratello era sempre mio fratello.

Un'occhiata stizzita[1] ("Ti sembra questa l'ora di arrivare?").

E, senza più pensare alla sorella scampata[2], si mise a strimpellare[3].

Spesso ripenso alla signora Gergoni, ai giorni terribili passati in sua compagnia. Nessun desiderio di rivincita, in me, nessuno scatto di rabbia. Casomai tristezza. Vorrei avere un coraggio, una generosità che non avrò: per sfidare gli elicotteri neri e tornare a salvarla dal suo male, un male che la rode più crudelmente del cancro e le impedisce di vivere. I medici non hanno rivali nel battezzare in modo incomprensibile le malattie da loro scoperte. Io non ho questo talento né il loro senso del mistero. Chiamerò la malattia che ho scoperto in lei semplicemente paura, timor panico del piacere delle parole.

1. **stizzita:** irritata, indispettita.
2. **scampata:** soppravvissuta alla disavventura.
3. **strimpellare:** suonare malamente uno strumento musicale.

Capitolo diciassettesimo

Pensavo che l'indomani, per riposarmi delle mie avventure, avrei potuto dormire fino a tardi. Significava non conoscere il signor Enrico. Sotto il suo aspetto noncurante e allegro si nascondeva un'ostinazione tremenda: quella che lo spingeva a inseguire – giorno e notte, se occorreva – le rime.

Era appena l'alba quando aprì la mia porta. Come avrete indovinato, Tommaso mi aveva abbandonata. Per dedicarsi interamente alla sua nuova amica chitarra, aveva traslocato nella capanna accanto, dove viveva il suo insegnante.

– In piedi, lì dentro, le lezioni continuano. Non penserai di essere in vacanza! Abbiamo perso fin troppo tempo. Devi tornare a parlare al più presto, altrimenti il tuo emisfero destro, la parte del cervello in cui nascono le frasi, si trasformerà in deserto, la tua lingua diventerà piatta e nerastra, come i pesci lasciati a seccare al sole, e sbaverai la saliva diventata inutile nella tua bocca!

Queste minacce, naturalmente, mi buttarono giù dal

letto. Un momento dopo, camminavo al fianco del mio salvatore.

– La signora Gergoni aveva il suo metodo. Io ho il mio. Hai già visitato una fabbrica? No? Fa niente. Quella dove ti porto è molto particolare. E tuttavia essenziale. Forse è la fabbrica più necessaria di tutte. Ora indossa questa maschera d'apicoltore[1] e questo camice bianco. Necrode non ti mollerà tanto presto. Avrai un po' caldo. Ma, fuori, dovrai portare sempre questo travestimento fino a quando lui non ti avrà dimenticata. E potrebbe volerci un bel po'. Necrode ha buona memoria.

– Vi aspettavo prima...

Il direttore della fabbrica più necessaria del mondo mi squadrava senza bonarietà[2]. Era un tipo altissimo. Sembrava una giraffa scarnita, una specie di scheletro gigantesco sul quale avessero incollato un po' di pelle per non terrorizzare la gente. Poco mancò che scoppiassi a piangere. Ero sfuggita alle grinfie della signora Gergoni per finire tra altre ancor più severe? Ero condannata, sino alla fine dei miei giorni, a subire le torture dei grammatici[3]? E poi perché quei grammatici, quelle grammatiche, erano tutti così magri?

Con un bisbiglio, mentre cominciavamo la visita, il signor Enrico mi dette la risposta.

– Il direttore ha un'aria tremenda. Ma è l'uomo più buono del mondo. Solo che ama così tanto le parole, si occupa così tanto di loro, notte e giorno, che si dimenti-

1. **apicoltore:** colui che alleva le api.
2. **bonarietà:** benevolenza, dolcezza.
3. **grammatici:** studiosi di grammatica.

ca di mangiare. Normale, quindi, che manchi di grasso. Una volta al mese, bisogna ricoverarlo. Gli aprono la bocca e lo ingozzano. Altrimenti morirebbe.

Io ho un'altra spiegazione, non so quanto vale, lascio giudicare a voi: i grammatici si appassionano alla struttura della lingua, alla sua ossatura. Sicché per forza, in loro, lo scheletro è più visibile. Lo so, lo so, ci sono grammatici grassi. Ma la grammatica non è forse il regno delle eccezioni?

Il primo capannone della fabbrica più necessaria del mondo era un'immensa voliera[4], brulicante di farfalle.

– Queste dovresti conoscerle – mi disse la Giraffa.

Annuii (finalmente mi ero tolta la maschera d'apicoltore). C'erano tutti i nomi, i miei amici della città delle parole. Mi avevano riconosciuta, si accalcavano contro la rete, mi facevano festa.

– Si direbbe che godi di grande popolarità!

Il direttore-giraffa sembrava sbalordito da quell'accoglienza. Mi sorrise (ovvero fece una smorfia: come si può sorridere senza pelle?). Ero felice: la fabbrica mi aveva adottata.

Avanzammo di qualche passo, verso un grande vetro dietro il quale, su più piani, si agitavano altre parole. Per il loro continuo movimento in tutti i sensi, facevano pensare a delle formiche.

– E queste, le ricordi?

Gli rispose la mia aria afflitta.

– Sono i verbi. Guardali, dei fanatici del lavoro. Non smettono mai di darsi da fare.

4. **voliera:** grande gabbia dove stanno rinchiusi molti uccelli.

Diceva il vero. Quelle formiche, quei verbi, come li aveva chiamati, stringevano, scolpivano, rodevano, riparavano; coprivano, levigavano, limavano, avvitavano, segavano; bevevano, cucivano, mungevano, pettinavano, crescevano. In una cacofonia spaventosa. Sembrava un'officina di matti, ognuno sgobbava freneticamente senza curarsi degli altri.

– Un verbo non può mai star fermo – mi spiegò la Giraffa. – È la sua natura. Lavora ventiquattr'ore su ventiquattro. Hai notato quei due là in fondo che corrono dappertutto?

Ci misi un po' a individuarli, nel disordine indescrivibile. D'un tratto li scorsi: "essere" e "avere". Oh, com'erano commoventi! Correvano a rotta di collo[5] da un verbo all'altro offrendo i loro servigi: – Avete bisogno di aiuto? Vi serve una mano?

– Hai visto come sono gentili? Per questo li chiamano ausiliari, dal latino auxilium, aiuto. E, adesso, tocca a te. Costruirai la tua prima frase.

E mi tese un retino da farfalle.

– Comincia dalla cosa più semplice. Entra nella voliera, scegli due nomi. Dopo, per il verbo, verrai a sceglierlo nel formicaio. Su, non avere paura, ti conoscono, ti vogliono bene, non ti morderanno.

Aveva un bel dire e fare, il direttore-giraffa... avrei voluto vedere lui al mio posto. Appena spinta la porta, fui assalita, soffocata, accecata: i nomi lottavano, mi entravano negli occhi, nelle narici, nelle orecchie; io starnutivo, tossivo, rischiavo di morire; tutti volevano che li prendessi. Dovevano annoiarsi a morte in quella prigio-

5. **a rotta di collo:** precipitosamente, in gran fretta.

ne. Sul punto di svenire, ne presi due per le ali, a caso: "tuberosa[6]" e "diplodoco[7]", e richiusi la porta, pallida, tremante, moribonda.

La Giraffa non mi lasciò il tempo di riprendere fiato.

– Su, adesso pesca un verbo.

Messa in guardia dalla mia esperienza precedente, infilai soltanto la mano. La quale, in un attimo, fu ricoperta, leccata, morsicata, graffiata, ma anche accarezzata, impomatata, lustrata, imbellettata[8]. I verbi-formiche se la godevano un mondo. Commossa da tante attenzioni, li lasciai lavorare per qualche secondo e poi mi ritirai con uno di loro, preso a caso, "sgranocchiare".

– Bene, passa al distributore di articoli e torna da me.

Più giudiziosi, questi. Una colonna "maschile" e un'altra "femminile": bastò premere il pulsante e un "il" e un "la", le avanguardie[9] che mi occorrevano, mi caddero sul palmo della mano.

– Perfetto. Adesso ti siedi a quella scrivania, metti le parole sul foglio e formi la tua frase.

Le mie parole, acchiappate con tanta fatica, le tenevo ancora per le ali, non volevo lasciarle, temevo che scappassero. In fondo, una frase, per una parola, è una prigione. Loro preferivano sicuramente andarsene a spasso da sole, come nella città che avevamo tanto amato, con il signor Enrico.

6. **tuberosa:** pianta ornamentale originaria dell'America Centrale, con bei fiori in lunghe spighe bianche e profumatissime.
7. **diplodoco:** fu il più grande e maestoso dinosauro terrestre, erbivoro, poteva raggiungere una lunghezza di 45 metri.
8. **imbellettata:** letteralmente ricoperta di belletto, cosmetico per truccarsi colorando le guance.
9. **avanguardie:** letteralmente reparti militari che precedono il grosso delle truppe in movimento.

Fu lui a venirmi in aiuto.

– Fidati della carta, Giovanna. Alle parole piace la carta, come a noi la sabbia della spiaggia o le lenzuola del letto. Non appena toccano una pagina, si mettono tranquille, fanno le fusa, diventano docili come agnellini; prova e vedrai: non c'è spettacolo più bello di una serie di parole su un foglio.

Obbedii. Posai "tuberosa", poi "sgranocchiare", infine "diplodoco". Il signor Enrico non aveva mentito: la carta era la vera casa delle parole. Non appena si sdraiavano su quella, smettevano di agitarsi, chiudevano gli occhi, si abbandonavano, come un bambino cui si racconti una favola.

– Sei contenta di te?

La voce della Giraffa mi strappò alla mia contemplazione commossa. Guardai la frase che avevo formato, la prima dopo il naufragio, e scoppiai a ridere:

La tuberosa sgranocchiare il diplodoco.

– Dove si è mai visto? Una pianta fragile che divora un mostro preistorico? Di solito, la prima parola di una frase è il soggetto, colui o colei che compie l'azione. L'ultima è il *complemento*, perché completa l'idea iniziata dal verbo...

Mentre parlava, avevo modificato in fretta l'ordine. *Il diplodoco sgranocchiare la tuberosa.*

– Va già meglio. Detto tra noi, non so davvero se a quei bestioni piacessero i fiori. Bene. Ultima tappa, ora dateremo[10] il verbo. "Sgranocchiare" è troppo vago. E non dice quando è successo! Bisogna dare un tempo al ver-

10. **dateremo:** metteremo la data, cioè daremo un tempo al verbo.

bo. Ancora uno sforzo, Giovanna, resta concentrata. Vedi quei grossi orologi laggiù? Va'. E scegli.

Una famiglia di alti orologi con pendoli di ottone si ergeva[11] su una specie di palco in legno. Si sarebbe detto che, dai loro quadranti, sorvegliassero la fabbrica più necessaria del mondo.

Salii i gradini col cuore in tumulto, il foglio con la frase minuscola in mano.

Mi accostai al primo orologio. Il suo pendolo mi rassicurò: batteva come al solito, verso sinistra, verso destra, regolarmente. Nell'orologio era stata praticata un'apertura che sembrava una buca per le lettere. Con naturalezza, ci infilai il mio foglio. Sentii stridori d'ingranaggi, poi tre note di carillon. E il foglio mi tornò in mano con la frase completata: *Il diplodoco sgranocchia la tuberosa.* Soltanto allora scoprii il cartello: OROLOGIO DEL PRESENTE.

Incoraggiata dal signor Enrico, continuai la mia passeggiata nel tempo. I due orologi vicini si presentavano da soli come orologi del passato. I loro pendoli facevano uno strano movimento: saliti a sinistra, non ne discendevano più. Parevano rotti. E perché due orologi? Nulla sembrava più semplice del passato. Il passato: il regno di ciò che è finito e non tornerà più.

– Prova prima l'uno e poi l'altro. Capirai.

Infilato e ripreso per due volte il mio foglio, feci il confronto. Il signor Enrico leggeva dietro di me e commentava:

– *Il diplodoco sgranocchiava.* Siamo nell'imperfetto.

11. si ergeva: si innalzava, svettava.

Sempre passato è, naturalmente, ma un passato che è durato a lungo, un passato che si ripeteva: cosa faceva durante tutta la giornata il diplodoco, dal primo gennaio al trentun dicembre? Sgranocchiava. Mentre con l'altro, sgranocchiò, siamo nel passato remoto. Ovvero un passato che è durato soltanto un momento. Un giorno che, eccezionalmente, forse dopo un'indigestione, il diplodoco non aveva più fame, *sgranocchiò* una tuberosa. Il resto del tempo divorava. Capisci?

Semplice, nulla di più semplice di quel passato. Passai all'orologio vicino, quello del futuro. Anche il suo pendolo era bloccato, ma dall'altra parte, in alto a destra. Infilai il foglio e *sgranocchiare* mi tornò in mano come *sgranocchierà*. Il diplodoco era entrato nel futuro: domani farà un pasto leggero di fiori!

Nell'ultimo orologio di alta statura, il pendolo era impazzito. Si agitava in tutti i sensi, più trottola che pendolo, seguendo non si sa quale capriccio.

– Quello è il *condizionale* – spiegò il signor Enrico. – Niente è sicuro. Tutto può succedere, ma tutto dipende dalle condizioni. Se il tempo è bello, se i ghiacci si ritirano, se... se..., solo in quel caso il diplodoco *sgranocchierebbe*, mi segui? Potrebbe anche sgranocchiare, ma non posso garantirtelo.

Il presente, i due passati, il futuro, il condizionale... Avevo chiuso gli occhi e sistemavo con cura nella mia testa tutte quelle specie di tempi.

– Bene, Giovanna, ora devo andare. La fabbrica è tua. Vedi, non ti avevo mentito. Conosci fabbriche più utili? Cosa si può fabbricare al mondo di più necessario delle frasi per gli esseri umani? Hai capito il principio. Troverai i magazzini degli *aggettivi* dietro la voliera dei nomi. E anche un distributore di *preposizioni* per i complementi indiretti: andare *a* Parigi, tornare *da* New York. Ultima raccomandazione: prenditi cura della carta. Hai visto: quella e quella soltanto sa addomesticare le parole. In aria sono troppo instabili. Su, ora ti lascio. Buone frasi! Stasera me le mostrerai. Ho una canzone che mi aspetta.

Mi ha toccato la spalla e se n'è andato.

Era il suo modo di parlare e anche di vivere. Ogni momento ripeteva: – C'è una canzone che mi aspetta –. Come se fosse sua moglie, una donna fragile e molto amata che poteva sparire da un momento all'altro, svanire nell'aria, se lui non fosse arrivato in tempo.

Avete indovinato: ero gelosa. Da quei giorni, sogno spesso di essere una canzone. Poche righe, una musica. Una notte, la bocca incollata all'orecchio di mio marito, gli domanderò di canticchiarmi, non qualcosa, non un ritornello, di canticchiarmi me stessa. Sarà il suo modo più bello di amarmi.

Capitolo diciottesimo

Ho giocato tutto il giorno. Mi sembrava di aver ritrovato i cubi della mia infanzia. Combinavo, accumulavo, sviluppavo. Avevo scoperto, ficcanasando[1] nella fabbrica, altri distributori. Quello delle *interiezioni* (Ah! Be'! Ahimè!), quello delle *congiunzioni* (ma, mentre, e, dunque, ora, né, perché...), paroline molto utili per collegare i pezzi di frase.

Col passare delle ore, il mio diplodoco si stendeva, si allungava, s'ingrossava, serpeggiava come un fiume, traboccava dalla pagina...

Il direttore giraffa non credeva ai suoi occhi, quando guardò il mio lavoro: – In fondo alla foresta impenetrabile, il gigantesco e verdastro diplodoco confidava piangendo ai suoi amici di aver sgranocchiato per sbaglio la tuberosa delicata, gialla, rara, né europea né asiatica ma americana, vendutagli per poco o niente da un ambulan-

1. **ficcanasando:** ficcando il naso, curiosando intorno.

te terrorizzato e che la sua fidanzata, una bionda bisbetica, iraconda[2], rubiconda[3] e tuttavia teneramente amata, aspettava con impazienza da anni.

– Una frase è come un albero di Natale. Cominci dall'abete nudo e poi lo decori, lo addobbi come vuoi... sino a farlo crollare. Attenta alla tua frase: se la carichi troppo di ghirlande e di palle, voglio dire di aggettivi, di avverbi e di relativi, può crollare a sua volta.

Mi ripromisi di costruire con più leggerezza, in futuro.

– Non preoccuparti. I principianti sovraccaricano sempre. La fabbrica è tua. Come di tutti gli abitanti dell'isola che vogliono divertirsi con le frasi. Guarda.

Mi voltai. Intenta al mio lavoro, non avevo fatto attenzione a coloro che mi circondavano. Eppure erano decine, uomini e donne di ogni età, a giocare come me. Correvano dalla voliera ai distributori, cingevano d'assedio gli orologi e chiocciavano[4] di gioia quando, sulla carta, il risultato corrispondeva alle loro aspettative o, meglio ancora, li sorprendeva.

– I veri amici delle frasi sono come i fabbricanti di collane. Infilano perle e oro. Ma le parole non sono soltanto belle. Dicono il vero.

– E cosa c'è dietro quella porta?

La Giraffa mi lanciò un'occhiata radiosa.

– Ti sei sentita? Direi proprio che sei guarita. Ecco che la signorina Giovanna riparla. Dimenticato, l'incubo della tempesta!

2. **iraconda:** pronta all'ira, irascibile.
3. **rubiconda:** con il viso rosso, molto colorito.
4. **chiocciavano:** emettevano versi rauchi e striduli, come la chioccia quando cova le uova.

La signorina Giovanna arrossì. La signorina Giovanna fu sul punto di scoppiare in lacrime. Ma la signorina Giovanna è orgogliosa, ricacciò in gola le lacrime. La signorina Giovanna è educata, mormorò "grazie". La signorina Giovanna è anche ostinata, ripeté la domanda:

– Cosa c'è dietro quella porta?

– È l'unico luogo vietato della mia fabbrica. Su, ora va' a raggiungere il signor Enrico, va' a fargli ammirare la tua bella voce nuova nuova. Non senti la musica? C'è aria di festa.

Capitolo diciannovesimo

Tutta la popolazione si era radunata sulla spiaggia, la spiaggia del nostro arrivo.

Buffo spettacolo!

Chi rideva, chi cantava, chi si baciava.

Altri facevano smorfie di rabbia o di tristezza.

Cosa succedeva?

Come al solito, il signor Enrico aveva capito la mia domanda e si accingeva a rispondere prima ancora che io aprissi bocca. Veniva da credere che il suo orecchio sentisse i miei pensieri. Era quello il tipo di orecchio che si chiama "assoluto"[1]? Altri interrogativi mi giravano per la testa. Quel potere d'indovinare era riservato ai musicisti? O anche i nostri amici, i nostri amici più intimi, avevano quella dote? Ma, allora, l'amicizia era una forma di musica?

1. **orecchio... "assoluto":** dote particolare che permette di riconoscere una nota anche se prodotta separatamente da altre note.

– Mi senti, Giovanna?
– Chiedo scusa, stavo pensando a una cosa...
– Oh, una persona che "pensa a una cosa", soprattutto con tanto calore, merita il mio rispetto. Anche se quel qualcuno che pensa a una cosa dimentica di ringraziare.
– Ringraziare? Ringraziare chi? E perché?
– Ma tu parli, mi pare. Non sei contenta di avere ritrovato la parola?
– Oh, chiedo scusa!
Stavo per morire di vergogna. Mi vennero le lacrime agli occhi (le ragazze, spesso, anziché morire preferiscono piangere). E mi gettai fra le braccia del signor Enrico (avevo già imparato che pochi uomini resistono ai singhiozzi di una ragazza).
– Calmati, calmati, hai tutte le scusanti, pensavi a una cosa...
– Per favore, non si burli di me! Cosa succede?
– Festeggiamo il compleanno della nostra vecchia nominatrice. Nessuno conosce la sua data di nascita. Ma cosa importa?
In quel momento risuonò un urlo in forma di nome proprio. A metà strada tra l'ingiuria e il grido di gioia. – Giovanna! – Era mio fratello.
– Dov'eri finita? Ti ho cercata dappertutto – (bugiardo). – Vuoi sentire cosa ho imparato oggi?
– Ma, Tommaso, parli anche tu!
– Grazie alla musica. Ha rimesso ordine nel mio cervello.
– Solfeggio e grammatica, stessa roba?
– Precisamente.
Il signor Enrico e suo nipote erano spariti. Probabilmente inghiottiti dalla folla in festa. Mio fratello e io restammo per conto nostro. Accanto a noi una tartaruga

gigantesca deponeva le uova nella sabbia, tranquillamente, senza badare a noi o al chiasso. La invidiavo. Anche a me piacerebbe deporre uova. Più tardi, quando verrà il momento di avere dei figli. Deporre deve fare molto meno male che partorire. Mio fratello suonava. Nei suoi occhi c'era una luce che non conoscevo. Suonava *Michelle*[2] dei Beatles, piuttosto bene, devo ammetterlo, quasi senza stonature. Forse le parole non erano il suo vero linguaggio. Capivo meglio, adesso, perché a volte mi aveva parlato tanto male. Si fermò. Doveva aver finito. Applaudii. Per fargli piacere. Far piacere al proprio fratello, a ogni ora del giorno e della notte: conoscete altri modi per rendere accettabile la vita in famiglia?

– A proposito...

Per dirmi le cose importanti, Tommaso ha una sua tecnica: guarda altrove. Compiango[3] la sua futura moglie.

– A proposito, papà e mamma arrivano domani. Vengono a prenderci in idrovolante[4].

– Insieme?

– Sempre quei tuoi paroloni!

– Spero che l'isola gli faccia bene.

– Da quanto tempo non si parlano? Credi che si parleranno nell'idrovolante?

– Impossibile. Quelle macchine fanno troppo rumore.

2. ***Michelle*:** canzone molto nota dei Beatles, gruppo musicale inglese formatosi negli anni '60.
3. **Compiango:** ho compassione, mi dispiace.
4. **idrovolante:** piccolo aereo capace di decollare e posarsi sull'acqua.

Capitolo ventesimo

Una porta.

– Puoi andare dove vuoi, nella fabbrica – mi aveva detto la Giraffa. – Ma mai – mi senti? – mai dovrai aprire quella porta.

Ne avevo giusto il tempo, prima di notte.

Dall'altra parte, erano in tre, tre soltanto, tre intenti a lavorare davanti al loro foglio di carta.

Mi sono avvicinata al primo.

– Chi sei?

– Uno scrittore-pilota.

– Dov'è il tuo aereo?

– In fondo al mare.

– Non ne senti la mancanza?

– Ho le parole. Quando si è loro amico, sostituiscono tutto, anche gli aerei rotti.

– Come ti chiami?

– Antoine. Ma sono più conosciuto con il mio diminutivo: Saint-Ex[1].

– Come quello del *Piccolo principe*?

– Sono io. L'isola mi ha accolto, proprio come te. È il solo luogo dove può andare uno scrittore morto.

– Ma tu non sei morto, dato che mi parli!

– Non sono morto perché scrivo. Se non mi lasci lavorare, morirò di nuovo. Perciò ti lascio. Buona fortuna, Giovanna.

– Buona fortuna.

Prima di andarmene, non ho potuto fare a meno di dare una sbirciata al foglio, da sopra la sua spalla. Le sue frasi erano brevi.

Ci fu soltanto un lampo giallo vicino alla sua caviglia. Lui rimase per un momento immobile. Non urlò, cadde mollemente come cade un albero. Non fece nemmeno rumore, grazie alla sabbia[2].

Il secondo operaio era curvo dietro una pila di libri antichi. Si era costruito una casupola con scaffali stracolmi di altri libri simili a quelli che aveva davanti, che lo circondavano come una gabbia o una prigione. Se ne stava lì, a scrivere in mezzo a tutti quei volumoni, ma quando mi avvicinai alzò un poco la testa, e allora mi accorsi che non era curvo, ma gobbo. Mi guardava con un sorriso dolce, triste, un sorriso così profondo che dava le vertigini.

– Come ti chiami?

1. **Saint-Ex:** Antoine de Saint-Exupéry (1900-1944), scrittore francese autore del famoso *Il piccolo principe*, un classico della letteratura del Novecento.
2. **Ci fu... alla sabbia:** citazione da *Il piccolo principe*.

– Giovanna. E tu?

– Io mi chiamo Giacomo[3].

– È un nome molto vecchio.

– Sono molto vecchio.

Aveva una voce un po' ansimante. E tuttavia non era un tipo sportivo. Mi sembrava male in arnese[4] (e anche un po' sporco, a dirla tutta: sul suo *jabot*[5] c'erano macchie che sembravano di gelato), per essere un sopravvissuto. Mi ripromisi di fargli visita spesso e di proteggerlo.

– T'interessano le poesie?

Annuii.

– Temo che le mie possano sembrarti troppo tristi.

Mi chinai sul foglio.

Né mi diceva il cor che l'età verde
sarei dannato a consumare in questo
natio borgo selvaggio, intra una gente
zotica, vil; cui nomi strani, e spesso
argomento di riso e di trastullo,
son dottrina e saper; che m'odia e fugge,...

...e intanto vola
il caro tempo giovanil; più caro
che la fama e l'allor,...

3. **Giacomo:** Giacomo Leopardi (1798-1837), fu tra i maggiori poeti italiani ed europei dell'Ottocento.

4. **male in arnese:** in cattive condizioni di salute.

5. ***jabot*:** davantino arricciato o pieghettato che in passato gli uomini portavano sulla camicia.

...in questo
soggiorno disumano, intra gli affanni,
o dell'arida vita unico fiore[6].

– Ti piace?

– Ci capisco poco. Ma qualcosa mi dice, qui nel cuore, che i tuoi versi m'interesseranno in seguito, quando sarò grande.

Ora sapevo perché ansimava. Si era rinchiuso in quella prigione che lo soffocava, si era ingobbito a furia di star chino dietro quella pila di libri per nascondersi al mondo che non lo capiva.

– Perché crei dei versi così tristi?

– Ci sono pescatori che prendono i pesci di superficie con una lenza[7] cortissima e una mosca[8] che fa un ameno[9] balletto sull'acqua. Ma per altri pesci, i pesci del profondo, occorrono reti con molti, molti dolorosi ami.

– Come i tuoi versi.

– Hai capito tutto. Adesso, lasciami. Quando abbandono i miei versi, l'aria mi manca ancora di più.

– Sei gracile[10]. Mi prenderò cura di te, sempre.

– Ti ringrazio.

6. **Né mi diceva... unico fiore:** citazione non completa da *Le ricordanze* di Giacomo Leopardi, poesia scritta nel 1829 e contenuta nei *Canti*. La parafrasi di questi versi può essere: «Non sapevo che avrei trascorso la mia giovinezza in questo piccolo paese abitato da persone rozze per le quali le parole strane sono solo motivo di derisione e divertimento, persone che mi odiano e mi sfuggono... E intanto vola via la gioventù, unico fiore di questa vita piena di affanni e dispiaceri».

7. **lenza:** filo per pescare alle cui estremità si lega l'amo su cui viene infilzata l'esca.

8. **mosca:** tipo di esca.

9. **ameno:** piacevole, gaio.

10. **gracile:** esile, magro.

Da lontano, veniva da pensare a una bisca[11] o un'osteria di paese. Vedevo un'infinità di carte da gioco, di pezzi degli scacchi, e un immenso specchio...

Soltanto dopo distinsi l'uomo circondato da tutti quei giochi. Era vestito di nero e faceva pensare a un prete. Nonostante le apparenze, doveva scrivere a sua volta, come i miei due amici precedenti, perché aveva in mano un quaderno e una penna affilatissima dietro l'orecchio. Accostandomi, mi accorsi che discuteva con una Regina di Cuori dagli occhi cattivi, un Cappellaio Matto che prendeva il tè e un Gatto del Cheshire che ora c'era e un momento dopo non c'era più. Sembrava che in quel gruppetto si parlasse per indovinelli. Nel sentire le loro filastrocche non potei fare a meno di ridere, anche se non ne capivo tutto il senso. Per giunta, quella specie di reverendo balbettava.

Attesi con pazienza la fine del conciliabolo[12].

– Scusi, signore, mi chiamo Giovanna –. L'uomo, una spalla più alta dell'altra, gli occhi azzurri asimmetrici, mi guardò con un bel sorriso, anche se aveva le labbra un po' storte. Rivolgendomi la parola, smise all'istante di balbettare:

– Spostati sull'altro lato, per favore. Da quest'orecchio non sento. Ora ti vedo meglio, ma per un momento, poco fa, mi sono illuso di avere di nuovo davanti la mia piccola Alice[13].

Mi guardava in modo strano, e un po' mi metteva a di-

11. **bisca:** casa da gioco illegale.
12. **conciliabolo:** riunione.
13. **Alice:** la protagonista di *Alice nel paese delle meraviglie*, racconto a cui appartengono anche i personaggi nominati in precedenza (la Regina di Cuori, il Cappellaio Matto e un Gatto del Cheshire).

sagio. Ma per niente al mondo sarei scappata: presi il coraggio a due mani.

– Scusi, signore, potrebbe mostrarmi una sua frase? Ne faccio collezione. (Sapevo che, per ammansire[14] un autore, non c'è niente di meglio della lusinga.)

– Ah, cara Giovanna, se i giovani d'oggi avessero la tua intelligenza... A proposito, mi chiamo Charles, anche se ormai tutti mi conoscono come Lewis[15].

E, facendo le fusa, mi aprì il suo quaderno.

– Di questa, devo dirlo, sono proprio soddisfatto. Dovrebbe portarmi un po' di gloria:

Ma io credo che sia Amore,
ma io sento che è Amore,
ma io sono sicuro che non è altro che Amore.

Mi accingevo ad applaudire, quando delle dita, come artigli, mi afferrarono per una spalla.

– Cosa ci fai qui?

La Giraffa, folle di rabbia, mi scuoteva con cattiveria.

– Ti avevo proibito di entrare in questa parte della fabbrica.

Antoine, Giacomo e Lewis, i miei tre nuovi amici, mi vennero in aiuto.

– Questa Giovanna è nostra invitata permanente.

La Giraffa si ammansì:

– Hai visto l'ora? Va' subito a dormire. Ti rammento che i tuoi genitori arrivano domani. Devi essere in forma per accoglierli.

14. **ammansire:** calmare, rabbonire.
15. **Lewis:** Lewis Carroll, pseudonimo di Charles Lutwidge Dodgson (1832-1898), scrittore e matematico inglese, autore di *Alice nel paese delle meraviglie*.

Prima di correre a letto, gli posi sottovoce la domanda che mi tormentava da quando avevo aperto la famosa porta:

– Questi tre, non capisco: sono vivi o morti?

– Quando la morte si avvicina a un grande scrittore, le sue amiche parole, all'ultimo momento, lo portano via e lo lasciano qui. Perché continui il suo lavoro.

– Cos'è un grande scrittore?

– Uno che costruisce frasi senza curarsi delle mode, soltanto per andare in cerca della verità.

– E la morte lo lascia perdere?

– La Terra è molto grande, contiene innumerevoli nascondigli. E, per fortuna, la morte è scarsa in geografia.

– Grazie.

E mi misi le gambe in spalla[16].

16. mi misi... in spalla: corsi via.

Capitolo ventunesimo

Naturalmente non ho dormito.

Naturalmente li ho chiamati più volte.

Senza successo. Forse, in aria, i miei poteri non potevano raggiungerli.

Accanto a me, nel buio, le dita illuminate da una piccola lampada, Tommaso continuava a esercitarsi con la chitarra. Voleva far loro una sorpresa.

Anch'io avevo in serbo dei regali per loro. Li avrei portati a visitare tutta l'isola. Avrei reinsegnato[1] loro le frasi.

L'indomani, mi sono alzata col sole.

Gli abitanti, compresi il direttore-giraffa e i tre scrittori con le matite all'orecchio e i quaderni di appunti, la vecchia nominatrice e la sua guardia del corpo-ventilatore, e le capre, i cavalli e i porci si erano radunati sulla spiaggia e, come noi, scrutavano il cielo.

1. **reinsegnato:** insegnato nuovamente.

– Li vedo – urlò Tommaso, indicando l'ovest.
– Li vedo anch'io!
– Menti: stai guardando dalla parte opposta!
– Giovanna ha ragione. I vostri genitori arrivano da due parti del mondo opposte.

Abbassammo le teste. Per quanto ci si alleni, è sempre difficile pensare di avere dei genitori separati.

In quel momento si sentì uno stormire di ali: le parole decollavano. Tutte le parole dell'isola, le parole del mercato, le parole della fabbrica, le parole della città delle parole, anche quelle dell'ospedale, anche la frasetta malata, le parole rarc dei vecchi dizionari si erano prese una vacanza, s'involavano[2] per andare incontro ai due idrovolanti.

– Cosa succede? – domandò Tommaso.

Pareva un'eclissi. Tutte quelle parole, quelle migliaia di parole ci nascondevano il sole.

– Guardate – disse il signor Enrico.

Aveva preso la chitarra, si era messo a cantare.

Non ha più scampo la cerbiatta
il lupo la cerca per farle la festa
ta, ta, ta, ta
ma passa il cavalier per la foresta
e prende in collo la cerbiatta mesta
ta, ta, ta, ta.

Le parole, a una a una, lasciavano la sua dolce canzone e, come le altre, raggiungevano il cielo.

– Vedete, mi resta soltanto la musica.

– Cosa succede? – ripeté Tommaso.

2. **s'involavano:** prendevano il volo.

Il signor Enrico sorrideva.

– Le parole sono bestioline sentimentali. Detestano che due esseri umani smettano di amarsi.

– Perché? Non è affar loro, comunque!

– Loro pensano di sì! Per loro il disamore è silenzio che s'insedia sulla Terra. E le parole odiano il silenzio.

– Vista così...

Tommaso si ostinava a non voler capire.

– Le parole di sentimento, d'accordo: passione, bellezza, eternità... Ma quelle là, friggitrice, spazzolino da denti, chiave inglese, le parole della vita quotidiana... perché s'interessano ai miei genitori, cos'hanno a che fare con l'amore?

– Pur indicando cose comuni, attività di ogni giorno, hanno anche loro grandi sogni, come noi, Tommaso, proprio come noi.

Io restavo zitta.

Accompagnati dal loro corteo di parole librate[3] in aria, i due idrovolanti ammaravano[4] fianco a fianco.

Con una vocina stridula riuscii a porre la domanda che mi bruciava sulla lingua:

– E le parole... possono far ricominciare l'amore?

Il signor Enrico scosse il capo. Quel giorno, portava la chitarra in modo strano, come un attrezzo, una vanga o un piccone, il manico sulla spalla.

– Posso essere franco, Giovanna? Sei grande, adesso, quasi un'adulta. Sicché voglio dirti la verità: non sempre, Giovanna. Le parole non possono sempre far ricominciare l'amore. Né le parole né la musica, ahimè.

3. **librate:** oscillanti.
4. **ammaravano:** si appoggiavano sul mare.

Un'orchestra si era avvicinata: due trombe, almeno dieci tamburi suonavano allegramente per noi, sempre più forte. Il signor Enrico dovette urlarmi il seguito.

– Ma ciò non impedisce di provarci. Si prova, Giovanna, da diecimila anni, ci proviamo tutti...

I due idrovolanti si erano fermati, i portelli ancora chiusi, in mezzo alla laguna. Gli uccelli, gelosi di tutti quegli eventi, tenevano il broncio, altissimi nel cielo.

Attività

Nota per l'insegnante

Le proposte di lavoro sul testo sono state articolate in tre *Percorsi di lettura*.

Il *Percorso di lettura A* segue la vicenda narrativa capitolo per capitolo. Di ogni fase della storia sono messi in evidenza gli eventi fondamentali, la psicologia dei personaggi, i tempi e i luoghi della narrazione. Lo studente viene sollecitato a comprendere meglio il testo approfondendone la lettura.

Il *Percorso di lettura B* pone l'attenzione al senso complessivo della narrazione e al messaggio contenuto in essa. Personaggi, tempi e temi sono esaminati lungo tutto l'arco della vicenda.

Il *Percorso di lettura C*, oltre a proporre la lettura e il confronto tra alcune favole di Esopo, Fedro e La Fontaine, offre una serie di esercizi per riflettere in modo più ampio sulla grammatica e soprattutto sul vasto mondo delle parole e sul loro significato.

Percorso di lettura A

Capitolo primo

1. Nell'elenco seguente sottolinea in rosso il nome dei personaggi che appartengono alla storia e in blu il nome di chi viene soltanto nominato, ma non agisce nella vicenda.

☐ Giovanni VIII	☐ Giovanna
☐ Giovanna d'Arco	☐ Signorina Lorenzini
☐ La Papessa Giovanna	☐ La Fontaine
☐ Signor Benevento	☐ Signora Gergoni

2. Completa la tabella seguente, inserendo accanto a ciascun nome sottolineato in rosso nell'esercizio precedente almeno tre aggettivi usati nel capitolo e utili a delineare il personaggio in questione.

Personaggio	Aggettivi che lo riguardano
....	....
....	....
....	....
....	....
....	....

3. All'interno della scuola la signorina Lorenzini, la signora Gergoni e il signor Benevento rivestono ruoli di prestigio diverso. Chi sta secondo te più in basso nella scala di importanza? Chi è immediatamente superiore? Chi sta più in alto di tutti?
Rispondi alle precedenti domande completando lo schema seguente, aggiungendo la motivazione che giustifica la tua scelta.

.... È più importante, infatti ....
....
.... È inferiore a ....,
infatti ....
....
.... È più in basso, infatti
....

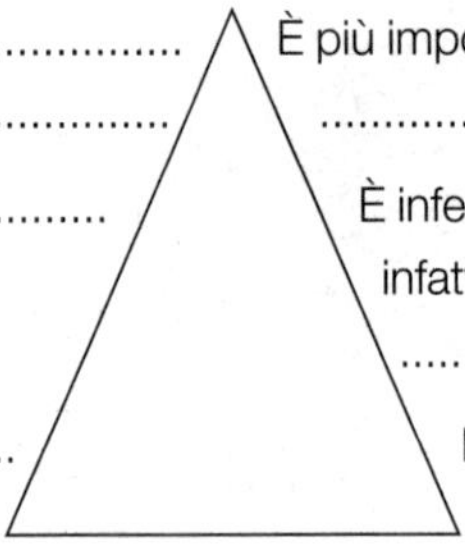

4. La signorina Lorenzini e la signora Gergoni hanno due concezioni molto diverse di ciò che è importante insegnare ai bambini e di come insegnarlo. Scrivi accanto a ciascuna delle seguenti affermazioni se la attribuiresti all'una o all'altra delle due donne.

- ☐ Cattura l'attenzione degli alunni partecipando emotivamente alla storia (..)
- ☐ Stimola l'immaginazione dei ragazzi (...)
- ☐ Arricchisce il bagaglio lessicale dei ragazzi (...)
- ☐ Preferisce informazioni di carattere tecnico (...)
- ☐ Associa le informazioni grammaticali alle sensazioni (...)
- ☐ Vuole sezionare il testo per analizzarne dettagliatamente le parti che lo compongono (..)

5. In che modo tu e i tuoi compagni avete reagito nel leggere la spiegazione che la maestra dà della parola "escremento"?

....

....

Come la giustifichi?

....

....

Capitoli secondo e terzo

1. L'ambientazione della storia è del tutto mutata: dove ci si trova ora?

....

....

2. Sono scomparsi anche i personaggi del capitolo precedente, ma ce ne sono di nuovi e a ognuno viene attribuito un aggettivo che lo identifica. Completa le seguenti frasi:

il cameriere è ....; l'ufficiale è ....; il cuoco è ....

3. Che cosa stavano facendo i passeggeri della nave al momento in cui si è scatenata la tempesta?

....

....

Perché l'autore ha scelto proprio questo passatempo?

....

....

Pensi che possa avere un significato nel seguito del racconto?

....

....

4. Sottolinea nel testo tutti i termini che appartengono al linguaggio specifico del mare e della navigazione.

5. I due ragazzi vedono prossima la loro fine: a che cosa si aggrappa Giovanna come a un'ultima ancora di salvezza?

....

....

....

Capitolo quarto

1. Giovanna percepisce di essere viva grazie alle sensazioni procurate da tre sensi: quali?

....

....

Che cosa "sente" infatti?

....

....

2. Giovanna e Tommaso sono sopravvissuti al naufragio, ma quale conseguenza ha avuto su di loro la tempesta?

....

....

....

3. Istintivamente Giovanna e Tommaso si prendono cura con grande delicatezza delle parole che pian piano si accostano alla riva: da dove provengono?

....

....

Perché hanno bisogno di cure?

....

....

In che modo vengono accudite?

....

....

4. Entrano in scena due nuovi personaggi. Colloca nella tabella seguente, utilizzando la colonna appropriata, tutte le informazioni che si riferiscono a ciascuno di loro.

Informazioni riguardanti il signor Enrico	Informazioni riguardanti il nipote sublime
....	....
....	....
....	....
....	....

5. In tutto il capitolo sono riconoscibili dei paragoni, in particolare i più suggestivi riguardano le parole. Trovali nel testo, sottolineali e copiali sul tuo quaderno.

Capitolo quinto

1. Tutti i mercati, ovunque ci si trovi, sono luoghi vivaci, ricchi di colori, odori e suoni. Rileggi nel testo tutte le informazioni riguardanti il mercato che si svolge sull'isola e raggruppale usando come criterio di classificazione proprio i sensi, attenzione, non è detto che tutti siano coinvolti nella descrizione.

	Informazioni
La vista	....
L'udito	....
L'olfatto	....
Il gusto	....
Il tatto	....

2. È buffa l'idea di poter comprare le parole, eppure a volte sarebbe comodo avere un "negozio" in grado di soddisfare richieste di questo genere: che cosa chiedono i clienti al mercato delle parole?

....

....

....

3. Trascrivi dal dizionario il significato della parola "etimologia" e spiega per quale motivo è una scienza che può aiutare ad ampliare le proprie conoscenze linguistiche.

....

....

....

....

Capitolo sesto

1. Il capitolo prende avvio con la prospettiva di una bella gita in piroga, una minaccia però sembra turbare la bellezza del paesaggio e le aspettative dei due ragazzi. Di che cosa si tratta?

....

....

2. Ogni giorno riserva a Giovanna e a Tommaso un'esperienza nuova che li obbliga a riflettere.
È su un isolotto spoglio e inospitale che il signor Enrico costringe i due ragazzi a considerare l'origine dei deserti… linguistici. Riformula con le tue parole il ragionamento che spiega la desertificazione avvenuta in quel luogo.

....

....

....

....

3. A che cosa corrispondono i triangoli neri di cui si parla nel capitolo?

....

....

Si tratta di una metafora o di vere e proprie forme triangolari?

....

....

Giustifica la tua risposta.

....

....

Capitolo settimo

1. Come viene descritto il nuovo personaggio con cui i due ragazzi vengono in contatto?

....

....

2. In che cosa consiste il lavoro della nominatrice?

....

....

Perché a tuo parere l'autore non ha affidato questo lavoro a una ragazza, ma ha preferito una donna così avanti negli anni?

....

....

3. Nel sesto capitolo si è fatto cenno a un non meglio identificato pericolo. Ora alcuni dubbi di Giovanna si chiariscono: chi minaccia i due ragazzi e addirittura tutta la comunità dell'isola?

....

....

Perché?

....

....

4. Chi condivide l'ideologia di Necrode e per quale motivo?

....

....

....

....

Capitoli ottavo e nono

1. La riabilitazione linguistica di Giovanna comincia a dare qualche risultato: quale parola la ragazza riesce a pronunciare sia pure a bassa voce?

....

....

Con quale effetto?

....

....

2. Arrivata alla sua quarta giornata, Giovanna ha un risveglio un po' brusco: che cosa infatti interrompe il suo sonno?

....

....

....

3. Avere nella testa tante parole non equivale a conoscerle. Senza saperlo, Giovanna sente il bisogno di un po' di... grammatica. Qual è la funzione di questa materia così tanto odiata da lei e da suo fratello?

....

....

....

....

....

4. A quale altra materia viene paragonata la grammatica?

....

....

Che scopo ha ciascuna nel proprio ambito?

....

....

Capitolo decimo

1. A prima vista la città delle parole ha un aspetto simile a quello di tutte le città. Quali elementi vi sono riconoscibili?

....

....

....

2. La città che si trova in cima alla collina, però, ha caratteristiche un po' diverse da quelle alle quali sono abituati Giovanna e Tommaso. Riassumile compilando la tabella seguente.

Caratteristiche della città "tradizionale"	Caratteristiche della città sulla collina
Dimensioni	....
Rumori	....
Abitanti	....

3. Perché le parole hanno creato una loro città?

....

....

Da che cosa ha avuto origine la loro ribellione?

....

....

4. Le parole si sono organizzate distribuendosi in tribù. Spiega il compito che ha ciascuna di queste tribù completando le frasi seguenti.

- ☐ La tribù dei nomi ha il compito di ....
- ☐ La tribù degli articoli ha il compito di ....
- ☐ La tribù degli aggettivi gestisce i ....
  e ha il compito di ....

5. Scrivi almeno dieci aggettivi che puoi attribuire al nome *casa*, escludendo quelli usati nel capitolo.

....

....

....

....

....

6. Copia dal tuo manuale di grammatica la definizione generale di *nome*, *articolo* e *aggettivo*.

....

....

....

....

....

Capitolo undicesimo

1. In che cosa consiste la concordanza secondo l'interpretazione fantastica di chi ha scritto questo libro? Spiegala con le tue parole.

....

....

....

....

....

2. Perché aggettivi come *utile* sono particolarmente furbi?

....

....

Sai come si chiamano aggettivi di questo genere in linguaggio "tecnico"? Scrivine altri dieci dello stesso tipo.

....

....

....

3. Perché i nomi sono irrimediabilmente infedeli?

....

....

4. In che cosa consiste l'eccezionalità dei nomi *lunedì*, *lapis* e *dinamo*?

....

....

....

....

....

5. Scrivi cinque nomi che potrebbero "consolare" la solitudine dell'aggettivo *infestato*.

....

....

....

....

....

Capitoli dodicesimo e tredicesimo

1. Elenca tutte le caratteristiche della tribù dei *pronomi*.

....

....

....

2. Chi sono gli *scapoli* tra le parole?

....

....

Perché sono considerati così?

....

....

....

3. Fra le *tribù* di parole a te note, quali mancano a questo punto del racconto?

....

....

....

....

....

4. Anche nella città delle parole c'è un ospedale: quale abuso da parte degli umani può determinare il ricovero di qualcuna di esse?

....

....

....

....

....

5. Quali altri termini o espressioni secondo te sono troppo usati senza pensare al loro vero e profondo significato? Elencane almeno tre.

....

....

....

....

Capitoli quattordicesimo e quindicesimo

1. Giovanna viene rapita da lugubri elicotteri neri e, nonostante l'apparente dolcezza e bonomia dei suoi rapitori, due elementi linguistici mettono in serio allarme la ragazza: quali?

....

....

....

2. Nel paese di Necrode l'atmosfera è completamente diversa rispetto a quella che si respira nella città delle parole: che cosa cambia infatti? Per rispondere a questa domanda puoi prendere in considerazione, mettendoli a confronto, i seguenti elementi.

☐ Tipo di ambiente.
☐ Colori.
☐ Suoni.
☐ Personaggi che agiscono.

....

....

....

....

3. Il linguaggio utilizzato nel capitolo quindicesimo presenta un elevato grado di difficoltà. Abbiamo cercato di riformulare alcune affermazioni in modo più semplice. Accanto a ciascuna di esse trascrivi la corrispondente formulazione complessa che puoi trovare nel testo:

☐ Il dialogo tra il lupo e l'agnello non è accompagnato da alcuna espressione che dà avvio o conclude la conversazione

....

....

☐ Alcuni versi della favola sono formati da frasi in cui si individuano il lupo che compie un'azione e l'agnello che la subisce ....

....

☐ La fame del lupo è l'elemento che dà avvio alla breve storia

....

....

☐ I verbi sono accompagnati da complementi di luogo dai quali si individua l'ambiente in cui avviene l'azione espressa dal verbo stesso ....

....

☐ La logica dell'agnello non resiste all'inganno e ai trabocchetti del lupo ....

....

4. Scrivi sul tuo quaderno con le tue parole la definizione di:

- ☐ soggetto;
- ☐ complemento oggetto;
- ☐ apposizione;
- ☐ attributo;
- ☐ predicato.

Capitoli sedicesimo e diciassettesimo

1. Quale effetto hanno, su chi le ascolta, le rime del signor Enrico?

....

....

2. Nel suo percorso di riacquisizione delle parole e del linguaggio Giovanna viene accompagnata dal signor Enrico alla fabbrica «più necessaria del mondo». Chi vi incontra?

....

....

3. Completa le frasi seguenti utilizzando le informazioni contenute nel testo.

- ☐ Le parole volano e sono quasi sempre paragonate a .... Esse sono contenute in una ....
- ☐ I verbi sono paragonati a .... perché .... e sono contenuti in un ....
- ☐ Gli aggettivi stanno nei ....
- ☐ Le preposizioni escono da un .... e servono a ....

4. Tra i verbi, in particolare, quali si distinguono? Quale caratteristica li differenzia dagli altri?

....

....

5. All'interno di una frase la coniugazione dei verbi offre l'opportunità di collocare nel tempo ciò che si racconta. Quale tempo e/o modo verbale ti sembra adatto a rendere l'effetto elencato nella prima colonna della tabella? Completa in modo opportuno.

Effetto desiderato	Modo e/o tempi
Azione collocata nel momento in cui la si enuncia	....
Azione conclusa, collocata nel passato	....
Azione collocata nel passato, ma che dà l'idea che sia stata ripetuta più volte	....
Azione collocata in un momento che deve ancora essere vissuto	....
Azione che può accadere solo se si verificano certe circostanze	....

6. Un detto latino dice: *Verba volant, scripta manent*, cioè "le parole volano, gli scritti restano". In che modo puoi collegare questa affermazione con il ruolo che la carta ha secondo il signor Enrico?

....

....

....

....

....

Capitoli diciottesimo e diciannovesimo

1. «Una frase è come un albero di Natale» si dice a un certo punto del testo. Metti ordine tra le "decorazioni" scelte da Giovanna per addobbare il suo abete, copiando negli appositi spazi le parole che corrispondono alle diverse categorie grammaticali da lei usate per comporre la sua frase.

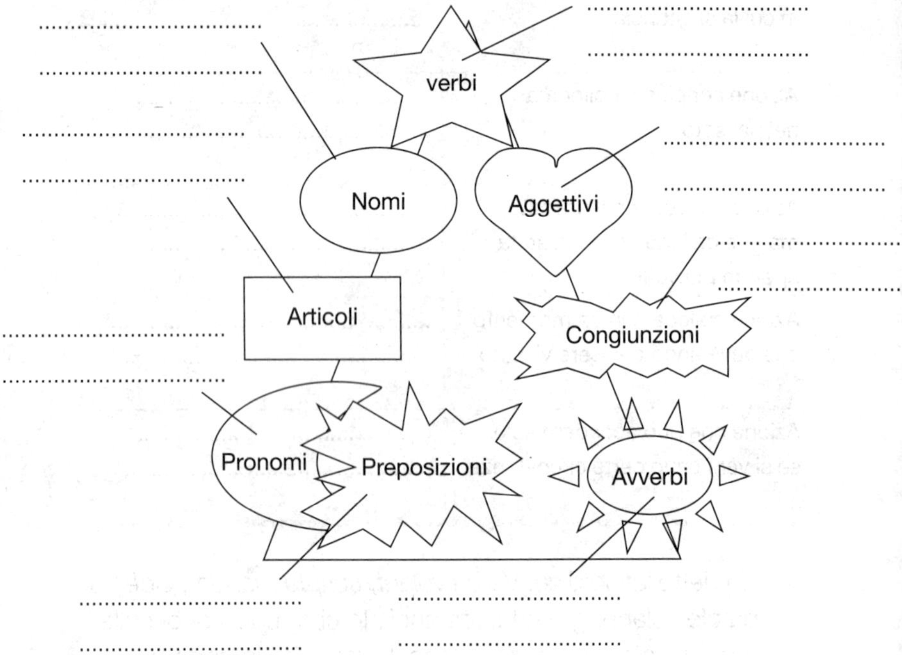

....

....

....

....

....

2. Quali sono le osservazioni del direttore-giraffa alla composizione di Giovanna?

....

....

....

3. Quale effetto ha su Giovanna la visita alla «fabbrica più necessaria del mondo»?

....

....

....

....

....

4. Il recupero della voce da parte di Giovanna coincide con una festa: che cosa si sta festeggiando?

....

....

....

E in che modo?

....

....

....

5. Anche Tommaso ha riacquistato l'uso della parola: che cosa lo ha aiutato nel suo percorso riabilitativo?

....

....

....

....

....

6. I genitori di Giovanna e Tommaso sono separati e Giovanna spera che l'isola faccia bene anche a loro. Da quale domanda infatti trapela la sua speranza?

....

....

....

....

....

Capitoli ventesimo e ventunesimo

1. Completa la tabella seguente indicando per ciascun autore le informazioni richieste:

	Antoine de Saint-Exupéry	Giacomo Leopardi	Lewis Carroll
Opera citata	....	....	....
Caratteristiche che colpiscono Giovanna	....	....	....
Reazioni di Giovanna	....	....	....

2. Perché, secondo te, il direttore-giraffa ha vietato a Giovanna di entrare nella parte della fabbrica dove si trovano i tre scrittori?

....

....

....

....

....

3. Riporta la definizione di «grande scrittore» contenuta nel capitolo ventesimo.

....

....

....

....

....

4. I genitori di Giovanna e Tommaso non sono ancora atterrati sull'isola, ma già hanno procurato una delusione ai loro figli, soprattutto a Giovanna. Perché?

....

....

....

5. I genitori di Giovanna e Tommaso stanno per raggiungere i loro figli in idrovolante: perché tutte le parole si levano in cielo per accoglierli?

....

....

....

Percorso di lettura B

I luoghi e i fatti

1. Riordina cronologicamente i fatti qui elencati alla rinfusa:

- ☐ Entrambi i ragazzi riacquistano la parola.
- ☐ Giovanna e Tommaso si imbarcano.
- ☐ La maestra Lorenzini spiega le favole di La Fontaine.
- ☐ Giovanna e Tommaso vengono accolti e accuditi dal signor Enrico e dal suo sublime nipote.
- ☐ Sulla nave i passeggeri giocano a Scarabeo.
- ☐ I due ragazzi si ritrovano su un'isola popolata da strani individui.
- ☐ La signora Gergoni è insoddisfatta della qualità dell'insegnamento della signorina Lorenzini.
- ☐ Giovanna e Tommaso attendono l'arrivo dei genitori.
- ☐ La nave affonda.
- ☐ Giovanna e Tommaso perdono l'uso della parola.
- ☐ Giovanna impara a conoscere le parole, le loro abitudini e le loro caratteristiche.
- ☐ Tommaso si appassiona alla musica.

2. I luoghi in cui si svolge la vicenda sono solo tre: la scuola, la nave e l'isola. In corrispondenza di ciascun evento elencato nell'esercizio precedente scrivi in quale luogo avviene.

3. Tra tutti gli eventi accaduti sull'isola quale ti sembra particolarmente significativo e perché?

....

....

....

....

....

4. Le prime giornate che Giovanna e Tommaso trascorrono sull'isola sono caratterizzate da avvenimenti ben precisi e riconoscibili, poi lo scorrere del tempo non è più così chiaro. Scrivi in breve l'evento principale che corrisponde ai seguenti periodi:

☐ Prima giornata: ....

☐ Seconda giornata: ....

☐ Terza giornata: ....

☐ Quarta giornata: ....

☐ Quinta giornata: ....

☐ Due settimane successive: ....

Il linguaggio

1. Perché il latino e il greco sono considerate lingue morte? Conosci il nome di altre lingue da poter aggiungere a questa categoria?

....

....

....

....

....

2. Tra le lingue morte o moribonde contempleresti anche i dialetti? Rispondi scrivendo sul tuo quaderno un breve testo seguendo la scaletta proposta.

- ☐ Hai dimestichezza con i dialetti italiani?
- ☐ Chi parla un dialetto tra le persone che tu conosci? Si tratta di ragazzi, di giovani adulti o di persone anziane?
- ☐ Tu conosci o parli qualche dialetto italiano in particolare? Da chi e come lo hai imparato?
- ☐ Quale pensi possa essere il futuro dei dialetti? Come giudichi questa prospettiva?

3. Nel testo ricorrono modi di dire abbastanza diffusi nel linguaggio colloquiale. Accanto a ciascuna delle espressioni elencate scrivi il corrispondente significato:

Dire pane al pane e vino al vino ....

....

Essere pelle e ossa ....

....

Prendere il mare ....

....

Avere piede marino ....

....

Essere un lupo di mare ....

....

Avere una fame da lupo ....

....

Prendere la parola ....

....

Mettere le gambe in spalla ....

....

A buon intenditor poche parole ....

....

A ogni piè sospinto ....

....

....

Rimettere in sesto ....

....

....

Non capire un'acca ....

....

....

Essere male in arnese ....

....

....

4. Se è vero che le lingue vivono e muoiono, è anche vero che le lingue cambiano con il passare del tempo proprio come gli esseri viventi. Scegli tra le possibilità elencate le trasformazioni che esse possono subire. Puoi indicare anche più di una risposta.

- ☐ Le trasformazioni vengono stabilite ogni anno da un apposito gruppo di studiosi.
- ☐ Molte parole non si usano più.
- ☐ Diminuiscono in particolar modo gli aggettivi.
- ☐ Aumentano i verbi irregolari.
- ☐ Molte parole vengono inventate o prese in prestito da altre lingue.
- ☐ Alcuni errori (ortografici o grammaticali) entrati nell'uso vengono "accettati" e non sono più considerati errori.

La magia delle rime e delle immagini

1. Scrivi sul tuo quaderno un testo in cui spieghi perché "rugiadosa" e "sposa" fanno rima e perché, al contrario, "tavolo" e "benevolo" no.

2. Da che cosa sono caratterizzate di solito le poesie per bambini? Scegli tra le possibilità che ti vengono offerte. Puoi indicare anche più di una risposta.

- ☐ Hanno tante rime.
- ☐ Si ricordano facilmente.
- ☐ Parlano di grandi sentimenti.
- ☐ Sembrano delle canzoncine.
- ☐ Contengono parole di difficile comprensione.
- ☐ Non sempre hanno una logica, ma piuttosto sembrano delle composizioni scherzose.

3. Nel romanzo che hai letto l'autore ricorre spesso a dei paragoni. Essi sono riconoscibili perché iniziano sempre con "come", "sembra", "pare", "somiglia". Trovane almeno due per ogni capitolo e trascrivili sul tuo quaderno.

Il messaggio

1. Alla signora Gergoni è sufficiente una brevissima permanenza in classe per giudicare il metodo di insegnamento della signorina Lorenzini: credi che sia un tempo sufficiente?

   ....

   ....

   Perché?

   ....

   ....

2. Giovanna domanda al fratello se crede che i loro genitori si parleranno sull'idrovolante. Lui risponde: «Impossibile. Quelle macchine fanno troppo rumore». Pensi che sia solo una questione di rumore fisico?

   ....

   ....

   Quali altri tipi di "rumore", cioè quali altri disturbi, potrebbero impedire il colloquio tra i due?

   ....

....

3. Giovanna riacquista l'uso della parola attraverso la grammatica, il fratello, invece, grazie alla musica. Addirittura a un certo punto si legge: «Solfeggio e grammatica, stessa roba?».

....

....

Qual è il nesso tra le due materie, a tuo parere?

....

....

4. Scrivi sul tuo quaderno un testo in cui esponi tutti i vantaggi e gli svantaggi di una lingua che comprende solo 500-600 parole.

5. Padroneggiare la propria lingua equivale a poter esprimere ogni sfumatura dei propri pensieri e delle proprie idee. Quali vantaggi offre questa possibilità?

....

....

....

....

....

6. Nel testo si parla di lingue vive, di lingue in estinzione o addirittura morte: ti sei mai chiesto perché gli uomini non abbiano elaborato un unico modo di comunicare? Parlane in classe con i compagni e l'insegnante e scrivi sul tuo quaderno un testo in cui raccogli tutte le ipotesi emerse dalla conversazione.

....

....

....

....

....

Percorso di lettura C

1. Dopo avere letto la traduzione italiana di *Il lupo e l'agnello, La volpe e il corvo, La lepre e la tartaruga, La rana e il bue, Il leone e il moscerino,* completa le frasi che seguono stabilendo quale pregio e/o quale difetto rappresenta ciascun animale nella favola di cui è protagonista, scegliendoli nell'elenco fornito di seguito. Attenzione ai termini in eccesso!

Innocenza – Ingenuità – Superbia – Prepotenza – Astuzia – Vanità – Generosità – Presunzione – Tenacia – Prestanza fisica – Grandezza – Forza – Gioia – Ambizione – Invidia

Il lupo nella favola *Il lupo e l'agnello* rappresenta ...., ... l'agnello invece ....

La volpe nella favola *La volpe e il corvo* rappresenta ...., il corvo invece ....

La lepre nella favola *La lepre e la tartaruga* rappresenta ...., la tartaruga invece ....

La rana nella favola *La rana e il bue* rappresenta ...., il bue invece ....

Il leone nella favola *Il leone e il moscerino* rappresenta ...., il moscerino invece ....

2. Di seguito è riportata la stessa favola (*Il lupo e l'agnello*) nelle versioni di Esopo, di Fedro e di La Fontaine. Leggile, mettile a confronto e scrivi sul tuo quaderno un testo in cui metti in evidenza somiglianze e differenze.

Versione di Esopo

Un lupo che aveva visto un agnello intento a bere presso un fiume volle divorarlo, accampando una motivazione che fosse plausibile. Perciò, nonostante si trovasse più a monte, prese ad accusare l'agnello dicendo che gli intorbidiva l'acqua, impedendogli di bere. Ma il lanuto rispose che stava bevendo a fior di labbra e che peraltro, trovandosi più a valle, non poteva sporcare l'acqua a lui. Il lupo, allora, visto fallire il pretesto addotto, disse: – Però l'anno scorso tu offendesti mio padre! –. E come l'agnello gli ebbe risposto che a quell'epoca non era ancora nato, gli disse il lupo: – Guarda che, pure se hai facili gli argomenti per scagionarti, non per questo rinuncerò a mangiarti! –.
La favola dimostra che di fronte a coloro che hanno la propensione a commettere ingiustizie non può nulla neppure la difesa più giusta.

Versione di Fedro

Presi dalla sete, un lupo ed un agnello s'erano spinti allo stesso ruscello; più su s'era fermato il lupo, l'agnello molto più giù.
Subito il delinquente, preso dalla gola malvagia, sollevò un pretesto di contesa.
– Perché –, disse, – intorbidi l'acqua che sto bevendo? –
E il timido lanuto: – O lupo, ti prego, perché tu mi rimproveri? Da te alle mie sorsate il liquido giunge –.
E quello, sconfitto dall'evidenza del fatto, disse:
– Sei mesi fa mi hai calunniato –.

E l’agnello: – Non ero ancora al mondo, in verità –.
Il delinquente, bestemmiando: – Allora fu tuo padre a calunniarmi –.
E così, afferratolo, lo sbrana, con crudele morte.
Questo discorso vale per quelle persone che calpestano i deboli con falsi processi.

Versione di La Fontaine

La favola che segue è una lezione
che il forte ha sempre la miglior ragione.
Un dì nell’acqua chiara d’un ruscello
bevea cheto un Agnello,
quand’ecco sbuca un lupo maledetto,
che non mangiava forse da tre dì,
che pien di rabbia grida: – E chi ti ha detto
d’intorbidar la fonte mia così?
Aspetta, temerario! – Maestà, –
a lui risponde il povero innocente,
– s’ella guarda, di subito vedrà
ch’io mi bagno più sotto la sorgente
d’un tratto, e che non posso l’acque chiare
della regal sua fonte intorbidare.
– Io dico che l’intorbidi, – arrabbiato
risponde il Lupo digrignando i denti, –
e già l’anno passato
hai sparlato di me. – Non si può dire,
perché non ero nato,
ancora io succhio la mammella, o Sire.
– Ebbene sarà stato un tuo fratello.
– E come, Maestà?
Non ho fratelli, il giuro in verità.
– Queste son ciarle. È sempre uno di voi
che mi fa sfregio, è un pezzo che lo so.
Di voi, dei vostri cani e dei pastori
vendetta piglierò –.
Così dicendo, in mezzo alla foresta
portato il meschinello,
senza processo fecegli la festa.

3. Nel primo capitolo, l'intervento in classe della signora Gergoni fa parte di un progetto di verifica pedagogica. Pensi che anche nelle nostre scuole sarebbe utile una simile verifica periodica sulla qualità dell'insegnamento? In che modo la presenza di una persona estranea alla classe potrebbe modificare o influenzare il clima generale?
Scrivi sul tuo quaderno un testo di venti righe in cui esponi la tua opinione.

4. Prova anche tu a fare come Giovanna: il vento sta per strapparti tutte le parole che conosci: quali salveresti? Rispondi sul tuo quaderno.

5. In classe scrivete sulla lavagna le parole salvate da ciascuno di voi e poi riflettete sulle scelte fatte. Ti viene fornita di seguito una "scaletta" da seguire nelle osservazioni che farai in seguito sul tuo quaderno.

☐ Quale categoria grammaticale prevale (nomi, aggettivi, verbi)?
☐ Si riescono a individuare dei grandi "temi" in cui raggruppare queste parole? Per esempio l'ambito dei sentimenti, delle sensazioni fisiche, delle persone, degli animali ecc.
☐ Ti sembra di cogliere delle differenze tra le parole salvate dai maschi e quelle salvate dalle femmine? Se sì, quali?

6. Descrivi sul tuo quaderno il mare in tempesta utilizzando delle similitudini adatte a rendere lo stato d'animo che questo fenomeno naturale suscita in te.

7. La ricchezza del pensiero è data anche dalla ricchezza lessicale, questo significa che più parole conosci più sei in grado di esprimere una grande varietà di idee. Qual è il "mercato delle parole" al quale ti rivolgi per ampliare il tuo vocabolario? Scegli una tra le possibilità che ti vengono offerte e poi giustificala scrivendo sul tuo quaderno un testo di almeno venti righe.

☐ La lettura.
☐ La televisione.
☐ La musica.
☐ La conversazione con gli adulti.
☐ Altro (specificare).

8. Quale risposta è stata data più frequentemente nella tua classe? Fai una breve indagine e discuti il risultato e le rispettive motivazioni con i tuoi compagni sotto la guida dell'insegnante.

9. Prendi in esame il testo che hai scritto per eseguire l'esercizio 7, conta tutti i verbi, i nomi, gli aggettivi, gli avverbi non ripetuti che hai adoperato per scriverlo. Ora rispondi sul tuo quaderno alle domande seguenti.

☐ Di quante parole ti sei servito?
☐ Quante parole hanno usato i tuoi compagni?
☐ I diversi testi hanno molti termini in comune?
☐ In totale tu e i tuoi compagni di quanti vocaboli vi siete serviti per comporre il testo richiesto? Ti sembrano tanti o pochi?

10. Apri una pagina di un dizionario e, anche in questo caso, conta tutti i verbi, i nomi, gli aggettivi e gli avverbi. Rispondi sul tuo quaderno alle seguenti domande. Quanti ce ne sono? E di quanti conosci il significato?

11. All'interno della pagina da te scelta, quali parole faresti "resuscitare"? Perché? Rispondi sul tuo quaderno alle precedenti domande.

12. Giovanna crea una lunghissima frase dando origine a dei legami fra tre parole (diplodoco, sgranocchiare e tuberosa). Prova anche tu sul tuo quaderno, ma questa volta partendo da quello che Gianni Rodari chiama un "binomio fantastico". Si prendono due parole piuttosto estranee l'una all'altra e si dà sfogo alla fantasia e all'immaginazione. Rodari parte dall'abbinamento "cane/armadio".

Sommario

Introduzione 5
Erik Orsenna 6

Capitolo primo 11
Capitolo secondo 18
Capitolo terzo 20
Capitolo quarto 24
Capitolo quinto 31
Capitolo sesto 37
Capitolo settimo 42
Capitolo ottavo 48
Capitolo nono 50
Capitolo decimo 53
Capitolo undicesimo 59
Capitolo dodicesimo 63
Capitolo tredicesimo 67
Capitolo quattordicesimo 71
Capitolo quindicesimo 74

Capitolo sedicesimo 79
Capitolo diciassettesimo 82
Capitolo diciottesimo 91
Capitolo diciannovesimo 94
Capitolo ventesimo 97
Capitolo ventunesimo 104

Attività

Nota per l'insegnante 110
Percorso di lettura A 111
Percorso di lettura B 130
Percorso di lettura C 136